28. 7. 69

28.1.69

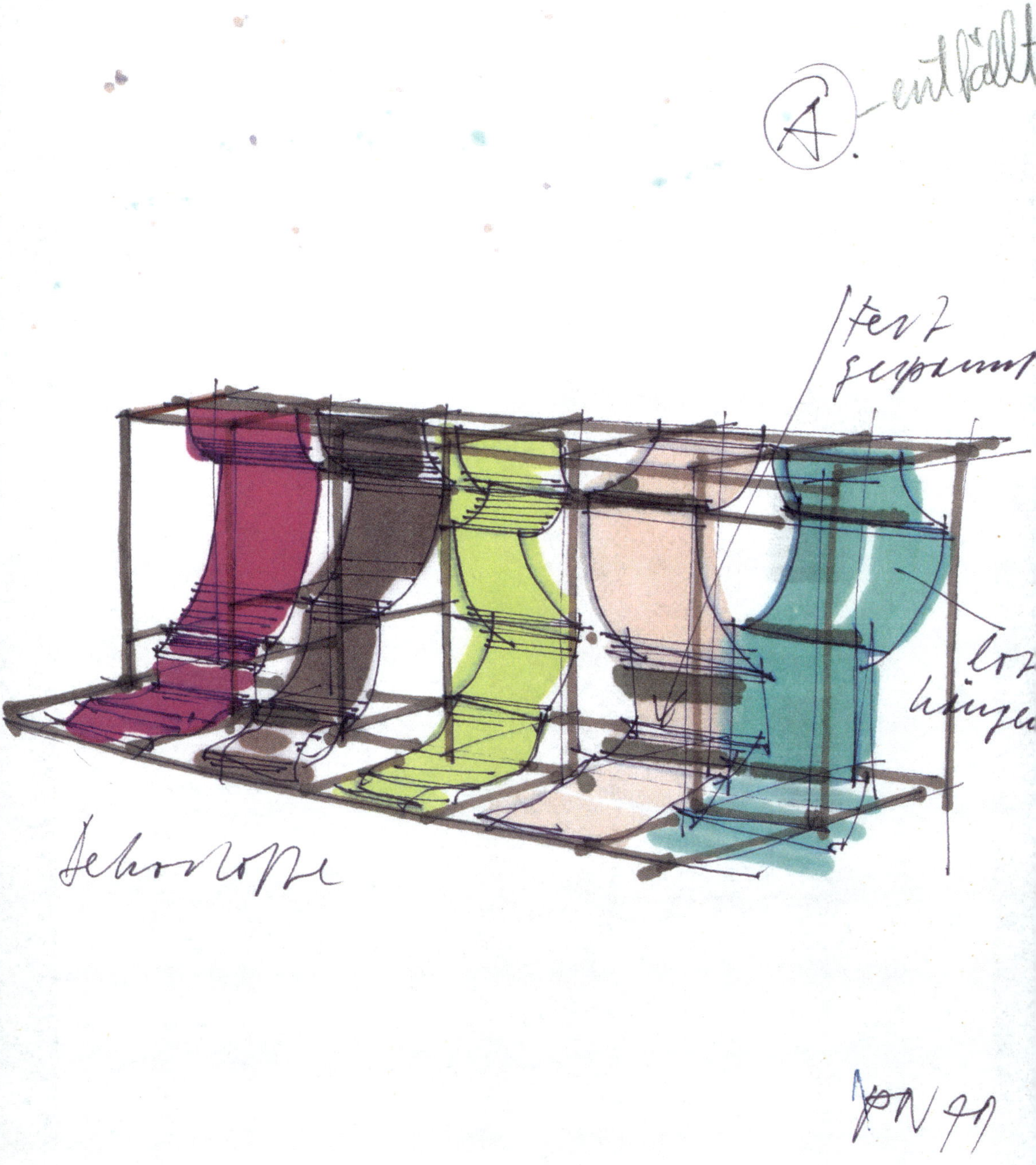
A – entfällt
fest gespannt
los hängen
Dekostoffe

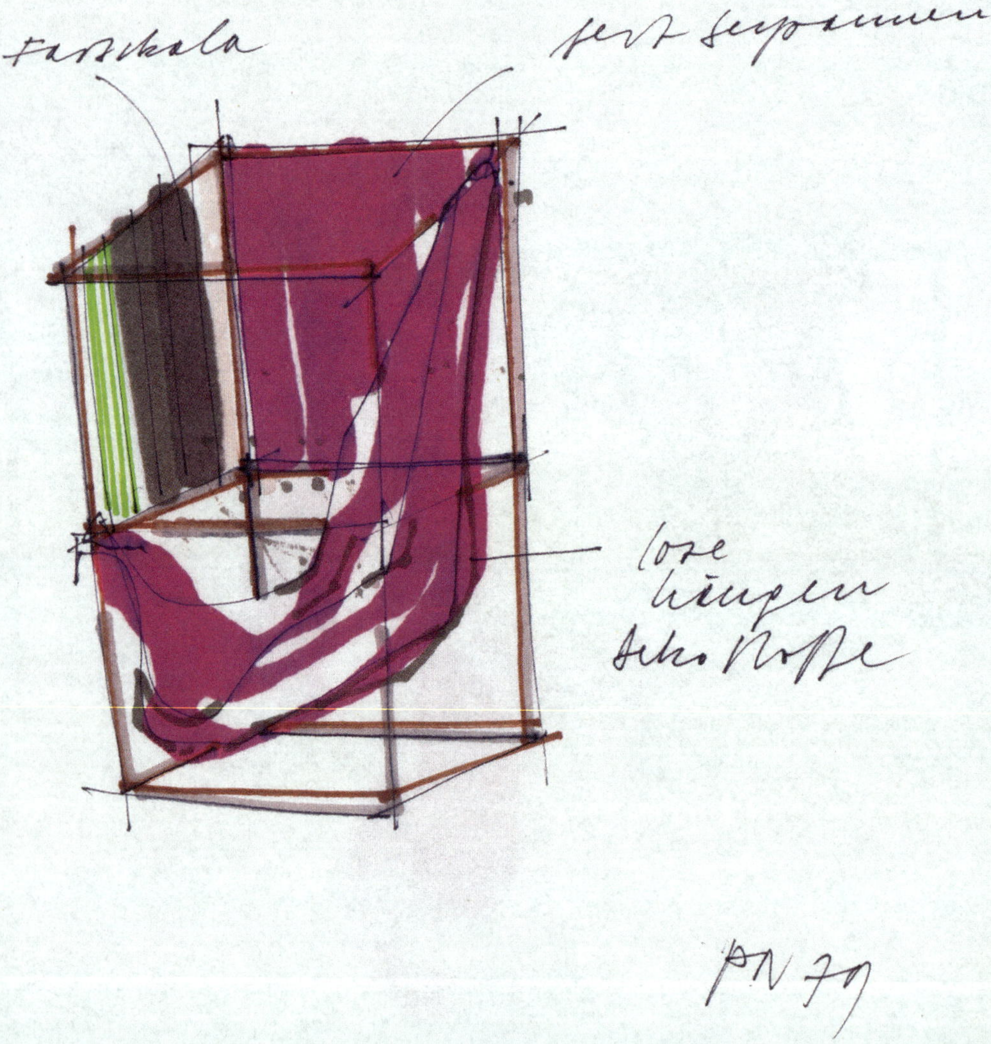
Farbskala
lose
hängen
Deko Stoffe
PN 79

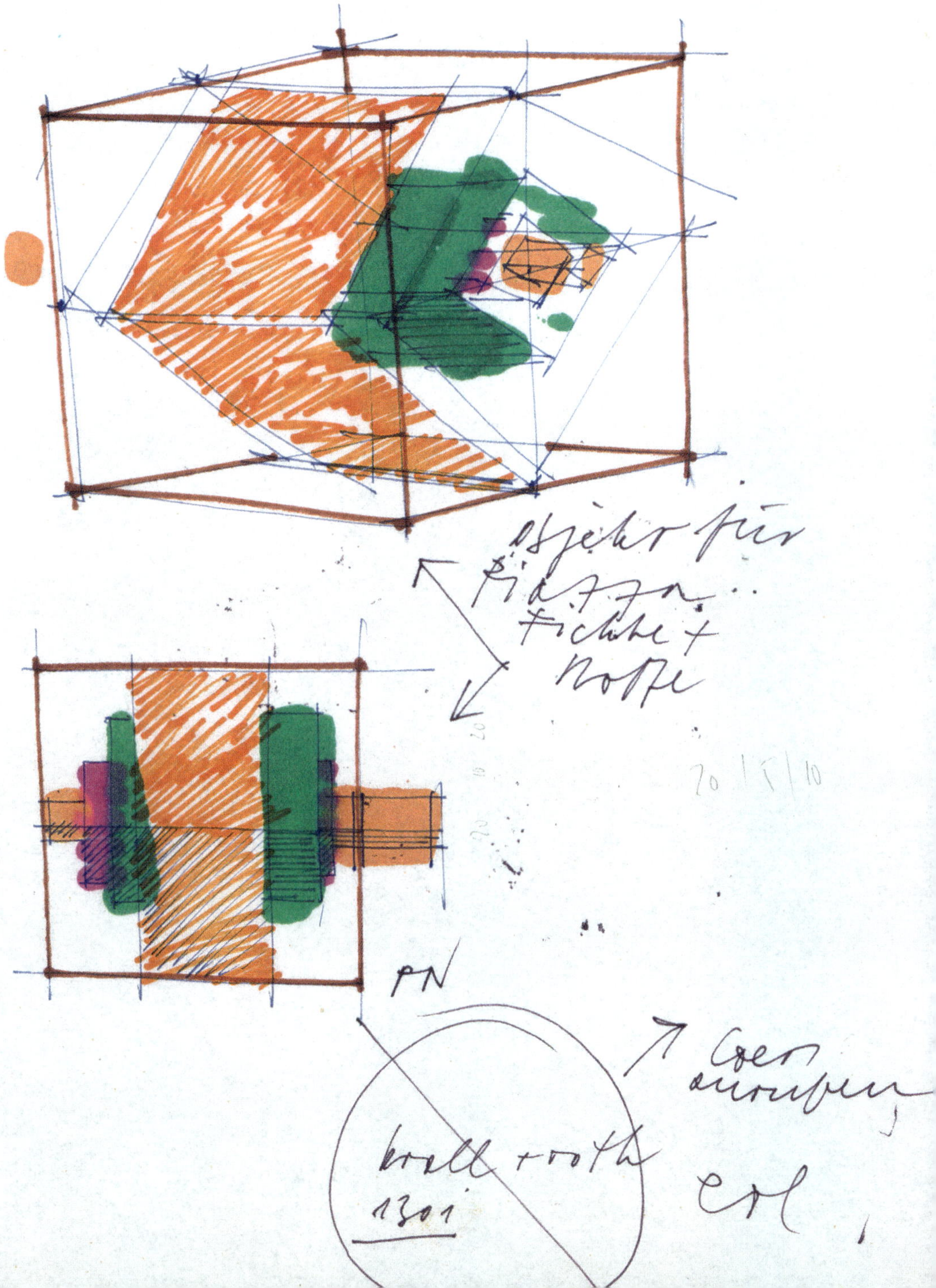

20 | 5 | 10
PN

1950

blaugrau
alle Farben zarte

heller

können
anrufen
wegen
der

Skizze Bergamo, ohne Datum, Privatbesitz
Skizze 1969
Skizze 1969
Skizze 1979
Skizze 1979
Skizze ohne Datum
Skizze 1950
Skizze für ein Metall-Glas-Gittertor, Kreissparkasse Sendlingertorplatz, München, 1987
Skizze Leuchte, ohne Datum
Skizze Leuchte, ohne Datum

Paolo Nestler

Ein Hauch Italien in der deutschen Nachkriegsarchitektur

Gabriella Cianciolo Cosentino

Paolo Nestler

Edition DETAIL

Für Paolo

Sei umarmt
ich liebte deine seele
und deine seele
liebte mich
ist vergangen
ist gewesen
schöne seele
komm zurück
laß mich doch nicht
einsam sterben
schöne seele
liebte dich

Maria Dobernigg Nestler,
26.08.13

Danksagung

Die Entstehung dieses Buches war eine lange Reise, die nur durch die Unterstützung vieler Menschen und Institutionen ermöglicht wurde. Mein erster Dank gilt Winfried Nerdinger, der die Anfänge dieses Forschungsprojekts als Direktor des Architekturmuseums der Technischen Universität München mitgetragen und begleitet hat. Ebenso schulde ich ihm großen Dank für seine großzügige Unterstützung als Mentor während meiner ersten Zeit in Deutschland. Meine Forschung zu Paolo Nestler ist nun in ein Buch gefasst. Aber wie jede Forschungsarbeit ist dies nur ein erster Schritt auf dem Weg zu weiteren Untersuchungen und Entdeckungen.

Paolo Nestlers Monografie war mein erstes Forschungsprojekt in Deutschland. Da es mir die Tür zu einem neuen Land öffnete, das zu meiner zweiten Heimat wurde, ist sie für mich von besonderer Bedeutung. Das Architekturmuseum der Technischen Universität München hat mir den gesamten Nachlass und alle seine Ressourcen zur Verfügung gestellt und war über viele Jahre hinweg meine Gastuniversität. Dort konnte ich in einem intellektuell höchst anregenden und kreativen Umfeld arbeiten und viele wunderbare Kolleginnen und Kollegen kennenlernen, wie Klaus Altenbuchner, Dietlind Bachmeier, Simone Bader, Katrin Bäumler, Regine Heß, Hilde Strobl und viele andere, denen ich für den bereichernden Austausch und die inspirierende Zusammenarbeit sehr dankbar bin.

Mein herzlicher Dank gilt auch dem jetzigen Direktor des Architekturmuseums der Technischen Universität München, Andres Lepik, der mich an seinem Lehrstuhl willkommen hieß und mir ermöglichte, dort zu forschen und zu lehren, mich weiter zu qualifizieren und meine akademische Karriere unter seiner Anleitung und Inspiration aufzubauen. Ebenso möchte ich den beiden Archivleiterinnen Anja Schmidt und Irene Meissner für ihre außerordentliche Großzügigkeit und Freundlichkeit bei der Unterstützung meiner Forschung danken. Ein weiterer Dank geht an Ester Vletsos für die schnelle und perfekte Bearbeitung meiner zahlreichen Anfragen.

Eine große Inspirationsquelle waren die vielen Bibliotheken und Archive, deren umfangreiche Sammlungen einen unschätzbaren Wert für meine Recherchen hatten: die Architekturbibliothek und das Archiv der Technischen Universität München, die Bayerische Staatsbibliothek, die Bibliothek des Zentralinstituts für Kunstgeschichte, das Archiv der Akademie der Bildenden Künste in München, das Archiv der Stadtsparkasse, das Stadtarchiv München, das Fotoarchiv der Mailänder Triennale, das Deutsche Kunstarchiv (DKA) im

Germanischen Nationalmuseum in Nürnberg und die Lokalbaukommission in München. Die Unterstützung durch deren engagierte Mitarbeiterinnen und Mitarbeiter half mir, wichtige Quellen zu entdecken und zu nutzen.

Mein tiefer und aufrichtiger Dank gilt der Alexander von Humboldt-Stiftung, deren Förderung dieses Projekt erst ermöglicht hat. Ihr Vertrauen in meine Arbeit und die Bereitstellung der notwendigen Mittel legten die Grundlage für diesen wissenschaftlichen Beitrag. Ich möchte der Alexander von Humboldt-Stiftung dafür danken, dass sie mir zeigte, was es bedeutet, in die Forschung zu investieren, unsere Arbeit als Wissenschaftler und Wissenschaftlerinnen zu schätzen und fest an den Wert der Freiheit der Forschung zu glauben. Diese Großzügigkeit ist selbst unter den vielen deutschen Förderinstitutionen einzigartig.

Die Rheinland-Pfälzische Technische Universität Kaiserslautern-Landau, an der ich von 2021 bis 2022 Professorin war, hat ebenfalls zu diesem Buch beigetragen, indem sie die Übersetzungskosten übernahm. An dieser Stelle möchte ich der Übersetzerin Julia Rader und der Lektorin Katrin Pollems-Braunfels für ihre hervorragende Arbeit herzlich danken.

Einen besonderen Dank möchte ich Paolo Nestlers Frau Maria Dobernigg (†) aussprechen, einer Frau von außerordentlicher Sensibilität und Großzügigkeit, die wertvolle Materialien und Erinnerungen über die Arbeit ihres Mannes mit mir teilte. Ein großes Dankeschön geht auch an Britta Reichardt, die eine wichtige Informationsquelle war, die Familie Schweighart, dass ich das schöne Nestler-Haus, in dem sie lebt, besuchen durfte, und das Architekturbüro Meuser für die Fotografien und Pläne zum Quiet Room in New York.

Von Nestlers ehemaligen Kollegen und Mitarbeitenden möchte ich insbesondere Werner März, Werner Wirsing (†) und Franz Xaver Lutz danken – die alle wichtige Informationsquellen lieferten und große Impulsgeber waren. Von Nestlers „Bewunderern" danke ich dem Team von UNS Architekten, insbesondere Andreas Holzapfel und Andreas Sternecker, sowie zwei Kolleginnen, die zum Gelingen dieser Publikation wesentlich beigetragen haben: Roberta Salvi für ihre Arbeit über die Kreissparkasse in München und Marta Tonelli für die schönen Fotografien, die dieses Buch illustrieren.

Nicht zuletzt danke ich Matthias Friederich und Sabrina Baumann von strobo B M Visual Communication für die schöne Grafik. Und Sandra Hofmeister für die wunderbare Zusammenarbeit.

Ich widme dieses Buch Alberto, der diese Arbeit in allen Phasen begleitet hat und leider zu früh von uns gegangen ist.

Paolo Nestler

Die Stadt München hat dem produktiven und vielseitigen Architekten, Designer und Hochschullehrer Paolo Nestler (1920–2010) viel zu verdanken: U-Bahnstationen, Bankgebäude, Wohnanlagen, Villen und Luxusboutiquen, Museumsgestaltungen und Ausstellungspavillons. Dennoch ist der in Italien geborene und in der zweiten Hälfte des 20. Jahrhunderts in Deutschland tätige Architekt heute nahezu vergessen. Er ist nicht zum Gegenstand umfassender Studien geworden, zudem sind viele seiner Werke mit der Zeit verschwunden oder wurden verändert: Die eleganten Eisdielen der Fünfzigerjahre wurden geschlossen oder umgebaut, die U-Bahn-Stationen werden immer wieder erneuert und temporäre Anlagen wie der Anbau am Haus der Kunst wurden wieder entfernt.

Paolo Nestler auf der Baustelle des Deutschen Museums, 1950er-Jahre

Nestlers Werke erlauben es, auf das Problem des Ephemeren beispielhaft einzugehen und es unter verschiedenen Gesichtspunkten zu beleuchten. Seine Architektur, die zunehmend aus dem Stadtbild verschwindet, veranlasst zu einer Reflexion über die Fragilität des architektonischen Schaffens der Jahrzehnte nach dem Zweiten Weltkrieg, das heute durch notwendige Sanierung oder Zerstörung aus wirtschaftlichen, städtebaulichen und verkehrstechnischen Gründen bedroht ist.[1] Paradoxerweise liegt die Relevanz seiner Arbeit auch darin, dass es sich um „normale Architektur" handelt, die von einem „normalen Menschen" – wie ihn die Anwohnerin eines von ihm gebauten Wohnhauses nannte – geschaffen wurde. Die Architekturgeschichte hat in letzter Zeit begonnen, sich mit den Persönlichkeiten und Phänomenen in der zweiten Reihe zu befassen, die die Städte, in denen wir leben, stark geprägt haben, jenseits der Architekturikonen und Stararchitekten.

Das vorliegende Buch soll ein erster Beitrag sein, um die planerische, didaktische und kritische Arbeit eines der Protagonisten der deutschen Architektur der Nachkriegszeit einem größeren Publikum bekannt zu machen. Sein Ziel ist es, die im Architekturmuseum der Technischen Universität München, das Nestlers Erbe verwahrt, befindlichen Materialien zu erschließen und das Profil eines Architekten zu zeichnen, der München nicht nur mit seinen Werken, sondern auch mit seiner Lehrtätigkeit an der Akademie der Bildenden Künste geprägt hat. Zu den Verdiensten Nestlers gehört es, dort den Studiengang Innenarchitektur eingeführt zu haben und mit ihm ein neues Berufsbild und eine neue Auffassung von Architektur als komplexes Bezugssystem von Menschen, Räumen, Gegenständen, Licht und Farben. Nestler, der die monumentale Ästhetik des Nationalsozialismus ablehnte, entwarf raffinierte, verspielte Innenräume, die Leichtigkeit, Dynamik, Vielfalt, Liebe zum Detail und sorgfältige Farbgebung verkörperten.

Das Werk Nestlers in München und Berlin, Wien und Bonn, Montreal und New York umfasst Arbeiten unterschiedlichen Maßstabs, die von der Innenarchitektur bis zur Stadtplanung reichen. Seine berufliche und intellektuelle Biografie spiegelt die Bestrebungen, Spannungen und Widersprüche seiner Zeit, einer Epoche, die von der Katastrophe des Zweiten Weltkriegs ebenso wie von Wiederaufbau und Wirtschaftswunder geprägt war. Wenn man Nestlers Arbeit als Architekt verstehen möchte, muss man bei seiner italienischen Herkunft beginnen und seine Kriegserfahrung einbeziehen. Beide stehen in engem Zusammenhang zu seinem kreativen Ansatz, dessen Ergebnisse und Bedeutung sie bestimmt haben.

Ein Hauch Italien

Aria d'Italia ist der Titel einer Kunstzeitschrift, die von der in Paris ansässigen italienischen Kunstsammlerin Daria Guarnati ins Leben gerufen und geleitet wurde und von 1939 bis 1941 in Mailand erschien. Angeregt wurde sie von Gio Ponti, dem Gründer und Chefredakteur von Zeitschriften, die eine neue Wohnkultur und einen modernen italienischen Stil in Haus und Einrichtung verbreiteten.[2] Ponti gehörte zu den italienischen Architekten, die Nestler am meisten schätzte.

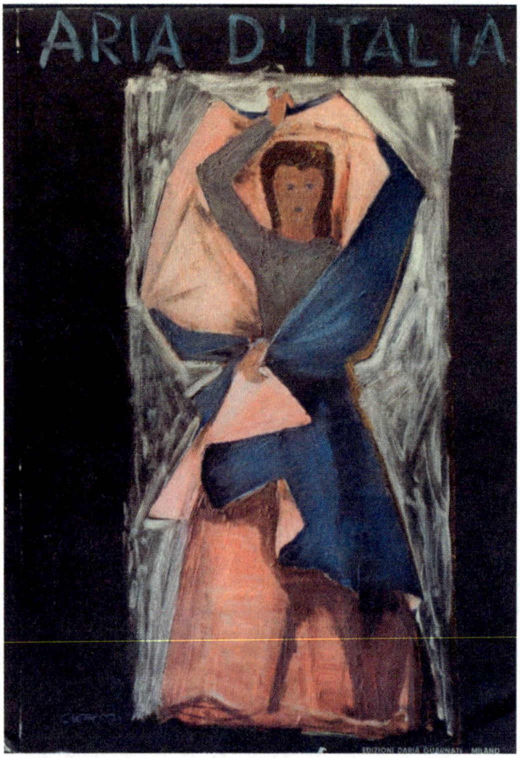

Aria d'Italia, Winterausgabe 1939, Cover: Gio Ponti

Die Zeitschrift *Aria d'Italia*, die mitten im Krieg als utopisches Verlagsprojekt gegründet und nach zwei Jahren wieder eingestellt wurde, versammelte Beiträge von Künstlern, Architekten, Literaten, Regisseuren und Musikern; sie war ein Verbindungsstück zwischen den verschiedenen Bereichen von Kunst und Kultur und hatte zum Ziel, das künstlerische Erbe Italiens zu würdigen. Zusammen mit einem neuen verlegerischen Standard und der avantgardistischen grafischen Gestaltung machten die experimentelle Ausrichtung und der interdisziplinäre Charakter *Aria d'Italia* zu einer der interessantesten Kunstpublikationen des 20. Jahrhunderts und einem der wichtigsten Vehikel für die Verbreitung des „Italian Style" in der Welt.[3]

Anhand von Nestlers Werk möchte meine Analyse die Beziehungen zwischen Italien und Deutschland in der Nachkriegszeit näher beleuchten. Ende der Vierzigerjahre war die Ausgangssituation in Italien und Deutschland – Zerstörung und Wiederaufbau – ähnlich, führte aber zu ganz unterschiedlichen Entwicklungen. Nach dem Untergang der politischen Führung und dem Zusammenbruch der Institutionen schlugen die beiden Länder den schwierigen Weg des sozialen, kulturellen und moralischen Neubeginns ein.

Deutschland ging als gescheiterte Gesellschaft aus dem Nationalsozialismus hervor und war nach dem Krieg ein zerstörtes Land, in dem die Städte schnell von den Trümmern befreit werden mussten und dringend Wohnraum benötigt wurde. Jenseits der unterschiedlichen und zuweilen gegensätzlichen Interpretationen der Wurzeln der Nachkriegsarchitektur,[4] entstand in Deutschland aus der materiellen und moralischen Verwüstung, die der Krieg hinterlassen hatte, der Wunsch nach etwas Neuem: einer neuen kreativen Energie, einem neuen Lebensgefühl, neuen Vorbildern.[5]

Auch in Italien wurde die Öffnung für das Neue als programmatischer Ansatz sowohl in der Stadtplanung wie in der Architektur verfolgt, obwohl gleichzeitig die Kontinuität mit der fernen wie der jüngsten Vergangenheit beansprucht wurde.[6] In den Nachkriegsjahren machten die italienischen Städte von Nord bis Süd tiefgreifende Veränderungen durch, die mit theoretischen Programmen und kulturellen Bewegungen einhergingen, in denen die Bemühungen der Protagonisten des Wiederaufbaus ersichtlich wurden, die Rolle des Architekten neu zu definieren und seine professionellen Kompetenzen ebenso wie den Horizont seines Fachs zu erweitern.[7]

Mailand, Bergamo, Rom, Florenz, San Gimignano, Assisi, Genua, Padua, Todi, Pesaro, Gubbio, Amalfi, Palermo: Orte, die Nestler kannte, darstellte, assimilierte und schließlich in seine planerische Arbeit aufnahm, die zutiefst im deutschen Kontext wurzelte, aber in einem ständigen Dialog mit Italien stand. Für Nestler war Italien nicht nur Reiseziel, Studienobjekt und Inspirationsquelle, sondern bedeutete Kindheit, Jugend, Muttersprache, Schule und Freundschaften. Bis zu seiner Einberufung 1940 und der tragischen Erfahrung an der Front, die einen tiefen Einschnitt in seinem Leben und das definitive Verlassen seines Geburtslands bedeutete, fühlte sich Nestler ausschließlich und zutiefst als Italiener.[8] Seine Frau Maria Dobernigg bezeichnete Italien als seine innerste Heimat und betonte, dass die Beziehung zu Italien für Nestler entscheidend war, sowohl was sein Leben als auch seinen Beruf betraf.

Die Rolle, die Italien in seinem Werdegang spielte, ist vergleichbar mit einem feinen kulturellen Filter und in vielen seiner Projekte zu erkennen, wie er selbst in einem Brief an den ehemaligen bayerischen Ministerpräsidenten Max Streibl schrieb: „Mein Architektenleben hat sich in unterschiedlicher Vielfalt ausgedrückt. Sehr beeinflußt durch die ersten zwanzig Jahre meines Lebens in Italien und durch den Besuch zwei verschiedener Architekturschulen (Mailand und München) hat das Zusammentreffen ‚südländischer' und Münchner Lebensweise künstlerische Elemente zusammengebracht, die typisch sind für meine Arbeit."[9]

Aquarell, Italien, ohne Datum

Die vorliegende Monografie illustriert anhand der vielfältigen und experimentellen Arbeit Nestlers, der sich zwischen verschiedenen geografischen und fachlichen Gebieten bewegte – Italien und Deutschland, Architektur und Design, Planung und Lehre –, die existierenden (aber häufig verborgenen) Zusammenhänge zwischen der architektonischen Debatte in Italien und den zeitgleichen Entwicklungen in Deutschland in der Nachkriegszeit, einer komplexen Epoche von Übergang und Aufbau. Die drei Hauptkapitel des Buchs, die seiner Herkunft, Ausbildung und Lehre, einer Auswahl von Werken, der typologische Kriterien zugrunde liegen, sowie einigen Schriften und Themen von Interesse gewidmet sind, behandeln die wichtigsten Stationen der Tätigkeit Nestlers als Hochschullehrer und Architekt, mit ihren vielfältigen planerischen, theoretischen und pädagogischen Facetten. Ein Anhang über den Nachlass von Paolo Nestler bildet den Abschluss.

Skizze, Licciana (Italien), 1960

Herkunft und Ausbildung

Paolo Nestler wurde am 4. Juli 1920 in Martinella in der Nähe von Bergamo (Lombardei) geboren. Er hat also italienische Wurzeln, obwohl beide Eltern Deutsche waren: Sie stammten aus Hohenstein-Ernstthal, einem kleinen Ort bei Chemnitz. Der Vater Alfred Paul Nestler arbeitete als Textildesigner für ein Schweizer Unternehmen mit Sitz in der Lombardei. Dort machte Paolo seine ersten Erfahrungen in der Welt der Zeichnung und der Farben, wie einige Skizzen aus seiner Gymnasialzeit belegen, die Ansichten von Bergamo und anderen urbanen und natürlichen Landschaften zeigen. Diese Zeichnungen weisen schon den klaren, sicheren Strich auf, der seine spätere grafische Arbeit ebenso wie seine Architekturzeichnungen auszeichnen wird.

Skizze, Camogli (Italien), ohne Datum

Alfred Paul Nestler war 1888 in Hohenstein-Ernstthal (Sachsen) geboren worden und starb 1974 in Bergamo. Seine Eltern, die beide Weber waren, hatten ihm die Leidenschaft für den Entwurf von Stoffen weitergegeben und ihn dabei unterstützt, Textilzeichner zu werden. Im Alter von zehn Jahren war Alfred Paul auf eine Textilfachschule in Hohenstein gegangen und hatte dann eine Lehre in einer Textilfabrik in Chemnitz begonnen. Zwischen 1905 und 1908 besuchte er die Kunstgewerbeschule in Dresden, um gleich danach als Textilzeichner in einer Fabrik in Chemnitz anzufangen. Daneben widmete sich Alfred Paul mit Begeisterung der Landschaftsmalerei.

Im Jahr 1912 eröffnete er sein Atelier in Martinella, wo er sich weiterhin dem Entwurf und der Herstellung von Stoffen widmete, zuerst im Oetiker-Werk, dann freiberuflich. Er kümmerte sich um die Muster und Farben von Stoffen und entwickelte sich zu einem der bedeutendsten Textildesigner seiner Zeit. In der Münchner Ausstellung „20er Jahre", die drei Künstlern gewidmet war, dem Bildhauer Josef Wackerle, dem Maler Eduard Pfeiffer und dem Textildesigner Alfred Paul Nestler, wurden 1977 seine Produktivität, unerschöpfliche kreative Energie und sein außergewöhnliches Feingefühl für die Farbgestaltung und Formgebung hervorgehoben.[10]

Auch wenn wir nur wenig über Paolo Nestlers erste Schritte in der väterlichen Werkstatt wissen, können wir doch vermuten, dass sie entscheidend für seine spätere Laufbahn waren. Man bedenke, dass er später an der Akademie der Bildenden Künste München den Lehrstuhl für Raumgestaltung und Textilentwurf innehatte und Merkmale des Textildesigns in seiner Kompositionsmethode zu finden sind: Neben einer besonderen Berücksichtigung der Wahrnehmungspsychologie und des Sehens im Allgemeinen sowie einem großen Interesse für Zeichen, Geometrie und ihre Wechselbeziehung, weisen einige seiner Projekte die für das Textildesign typische Zweidimensionalität auf. Aber es ist vor allem die Farbe, die Paolo schon im Kindesalter studierte, um sie zu einem Leitmotiv seiner Arbeit zu machen: Seinen Projekten liegt immer ein Farbkonzept zugrunde, und im Hintergrund vieler seiner Kompositionstheorien steht die Farbe als Instrument des Planers und grundlegender Parameter der architektonischen Problemstellung und als Gestaltungsmittel von Räumen.[11]

Architekturstudium im Krieg

Im Jahr 1939 nahm Nestler sein Architekturstudium am Polytechnikum Mailand an der Fakultät für Bauingenieurwesen auf. Im selben Jahr brach der Zweite Weltkrieg aus, und Nestler, der auf Wunsch des Vaters seine deutsche Staatsangehörigkeit und den deutschen Pass behalten hatte, musste Italien verlassen und an die Front gehen, wo er mit den deutschen Truppen in Frankreich, Russland, Italien und Nordafrika kämpfte.

Am Polytechnikum Mailand war er mit der lebhaften kulturellen Atmosphäre der Hauptstadt der Lombardei in Kontakt gekommen, die in den Dreißigerjahren das kreative Epizentrum Italiens darstellte und auf dem Gebiet der Ausstellungsgestaltung und der ephemeren Architektur an der Spitze stand. Denken wir in diesem Zusammenhang beispielsweise an Franco Albini und Werke anderer Mitglieder der „Scuola Milanese" des italienischen Rationalismus, wie Edoardo Persico, Giuseppe Pagano oder die Gruppe BBPR[12], aber auch an die Rolle der Mailänder Triennale auf dem Gebiet der Architekturausstellung und -vermittlung, seit 1933 in dem von Giovanni Muzio entworfenen Palazzo dell'Arte.[13] Sofern Ausstattungen schon vor dem Zweiten Weltkrieg relevant waren, waren sie in der Nachkriegszeit, als sich die „Museografia" in Italien als Disziplin etablierte, zu einem wichtigen Betätigungs- und Experimentierfeld der Architekten geworden, das mit den aufstrebenden Themen der Umweltpsychologie und der sinnlichen Wahrnehmung eng verbunden war.

Anhand der Erzählungen seiner Frau und der Informationen, die sich in den Archivdokumenten finden, wissen wir, dass Nestler 1941 in Russland an der rechten Schulter verletzt wurde und ein Jahr später, während der Gefechte in der libyschen Stadt Tobruk, mit schweren Gesichtsverletzungen auf dem Schlachtfeld zurückblieb und nur knapp mit dem Leben davonkam.[14] Er wurde in ein Lazarett in München gebracht, in dem sich das einzige auf Kiefer- und Gesichtschirurgie spezialisierte Zentrum Deutschlands befand. Von da an war er dauerhaft in der bayerischen Hauptstadt ansässig. Während seiner Genesungszeit (1942/43) besuchte Nestler an der Technischen Hochschule Architekturveranstaltungen. Der Zeitraum zwischen dem 17. Juli 1940 und dem 30. September 1945 wird in den Dokumenten als Militärdienst angegeben, den er mit dem Dienstgrad eines Oberleutnants absolvierte.[15] Allerdings umfasst diese Zeit sowohl seine lange Rekonvaleszenz als auch die Kriegsgefangenschaft in Italien zwischen Mai und September 1945. Nestler nahm sein reguläres Architekturstudium im Oktober 1945 in München wieder auf und schloss es am 3. November 1948 ab. Seine Diplomarbeit zum Thema architektonischer Entwurf wurde von Robert Vorhoelzer betreut.[16] Darüber hinaus absolvierte er 1947 ein zwei Semester umfassendes Gaststudium der Kunstgeschichte, wie im Studienplan vorgesehen.[17]

In den Studienjahren an der architektonischen Fakultät in München wurden die Grundlagen für seine zukünftige Arbeit als Architekt gelegt. Die Professoren an der Technischen Hochschule, die Nestler in einer autobiografischen Anmerkung als seine Vorbilder bezeichnet,[18] sind Robert Vorhoelzer, ein Vertreter der klassischen Moderne,[19] Martin Elsaesser, ein rationalistischer Architekt, der vor allem wegen seiner Kirchenbauten und der Projekte für den sozialen Wohnungsbau bekannt ist,[20] und Hans Döllgast, der Restaurator, Innenarchitekt und einer der einflussreichsten Hochschullehrer seiner Zeit war.[21] Bezüglich Vorhoelzer sei vor allem auf seine unkonventionelle Lehrmethode sowie die progressive Auffassung von Architektur verwiesen.[22] Seine moderne Ausrichtung war den nationalsozialistischen Funktionären, die ihn als „Baubolschewiken" bezeichneten, ein Dorn im Auge gewesen. Seiner ausdrücklich antinationalsozialistischer Haltung war es denn auch geschuldet, dass er 1933 seines Lehrstuhls enthoben und 1935 zwangspensioniert worden war.

Die 1868 auf Initiative von König Ludwig II. von Bayern gegründete Technische Hochschule München hatte einen ausgezeichneten Ruf unter den deutschen Hochschulen. Dank der Tätigkeit von Persönlichkeiten wie Theodor Fischer, der Architekt, Stadtplaner und seit 1908 Dozent war, hatte die Architekturfakultät in Laufe der Jahre eine Vorrangstellung unter den besten Universitäten des Landes erlangt. Das didaktische Modell des Münchner Polytechnikums beruhte auf der Synthese von technisch-wissenschaftlichen und künstlerisch-kreativen Fächern. Ein entscheidender Schritt der Annäherung der Architektur an die Kunst wurde von Vorhoelzer mit dem Lehrauftrag an Karl Knappe vollzogen, der ein ebenso exzentrischer Künstler wie begnadeter Lehrer war und dem nach nur drei Jahren wegen seiner Ablehnung des nationalsozialistischen Regimes ebenfalls die Lehrerlaubnis entzogen wurde. Während der Kriegsjahre bestimmte das Werk Hans Döllgasts die Geschicke der Fakultät und prägte ihre Didaktik mit einem interdisziplinären Ansatz, der eine ganze Architektengeneration beeinflusste.[23] Dank seiner außergewöhnlichen planerischen, künstlerischen und didaktischen

Fähigkeiten war er in der Lage gewesen, von der Vermessung bis zur darstellenden Geometrie, von der Zeichnung bis zum Entwurf zu schweifen, sodass sein didaktisches Erbe später in fünf Unterrichtseinheiten aufgeteilt wurde. Döllgast war der Dozent, an den sich Nestler am besten und am liebsten erinnerte, nicht nur wegen seiner Fähigkeiten und Kenntnisse, sondern auch wegen seiner kommunikativen und menschlichen Qualitäten.[24] Wahrscheinlich ist Nestlers Interesse für die Innenarchitektur auf die Lehre Döllgasts zurückzuführen, der auch auf den Entwurf von Möbeln und Innenräumen spezialisiert war.[25]

Nach dem Krieg wurde die Technische Hochschule im Sommer 1946 wiedereröffnet, obgleich 85 Prozent der Universitätsgebäude zerstört oder nicht nutzbar und die meisten Lehrstühle nicht besetzt waren. Vorrangiges Ziel war in den ersten Nachkriegsjahren, die beschädigten Gebäude wieder aufzubauen. Zu diesem Zweck wurde eine entsprechende Kommission unter dem Vorsitz von Robert Vorhoelzer eingerichtet, der gleichzeitig seine Lehrtätigkeit wieder aufnahm. Das Studienprogramm entsprach im Wesentlichen der Zwischenkriegszeit und auch das Lehrpersonal wurde zum Teil aus dieser Zeit übernommen.

Nestlers architektonischer Werdegang fand also in einem lebhaften und anregenden intellektuellen Umfeld statt, geführt von Persönlichkeiten wie Vorhoelzer und Döllgast, deren Lehre ihn entscheidend prägte. Obwohl Nestlers Studium durch den Krieg und seine Verletzung sowie finanzielle Schwierigkeiten belastet war, gelang es ihm, dank dieser soliden Ausbildung und des beachtlichen kulturellen Hintergrunds, den er sich im Laufe der Jahre angeeignet hatte,[26] selbstbewusst und entschlossen ins Berufsleben einzusteigen. Im Jahr 1948, gleich nach Studienabschluss, begann Nestler, als Architekt zu arbeiten und machte sich schon bald im München der Fünfzigerjahre einen Namen. Die Stadt war vom Krieg schwer gezeichnet, hatte aber angesichts der großen Zerstörung einen stark wachsenden Immobilienmarkt. Von diesem Moment an führte seine Karriere stetig bergauf: Aufträge, Erfolge und Würdigungen folgten aufeinander, und die Mühen und Entbehrungen seiner Studienzeit gehörten der Vergangenheit an.[27]

Skizze, Ludwigstraße in München, Diplom Hauptprüfung Architekten, Technische Hochschule München, 1948

Die Akademie der Bildenden Künste in München

Die 1808 gegründete Akademie der Bildenden Künste in München hatte im 19. Jahrhundert einen hervorragenden Ruf, dem europaweit junge Künstler folgten. Hier lehrten Peter von Cornelius und Franz von Defregger, Wilhelm von Kaulbach und Adolf von Hildebrand, heute weltbekannte Künstler wie Wassily Kandinsky und Paul Klee waren um 1900 eingeschrieben. Klee erinnerte sich in seinen Tagebüchern an Franz von Stuck als Lehrer, von dem auf dem Gebiet der Farbe „wirklich manches zu holen" war,[28] obwohl in der Kunstakademie vor allem auf traditionelle Weise gelehrt wurde. Zusammen mit der 1868 gegründeten Königlichen Kunstgewerbeschule besaß München zwei bedeutende künstlerische Ausbildungsstätten und entwickelte sich zu einem künstlerischen Zentrum, was Thomas Mann in seiner Novelle „Gladius Dei" (1907) mit den berühmten Worten zusammenfasste: „München leuchtete". Um die Jahrhundertwende wurden immer wieder Reformen angestoßen, 1913 ging die Münchener Neue Secession aus der bereits 1892 gegründeten Secession hervor. 1907 gab sich der in München gegründete Deutsche Werkbund das Ziel der „Veredelung der gewerblichen Arbeit im Zusammenhang von Kunst, Industrie und Handwerk" vor, wie er es in seiner Satzung und seither immer wieder formulierte. Die Gründungsmitglieder Hermann Muthesius und Henry van de Velde fochten anlässlich der Werkbund-Ausstellung 1914 in Köln den „Werkbund-Streit" aus, in dem es um den Gegensatz zwischen freier künstlerischer und typisierter Formfindung angesichts überwiegend industrieller Fertigung ging. Dabei war Henry van de Velde bis 1915 Gründungsdirektor der Großherzoglich-Sächsischen Kunstgewerbeschule Weimar, aus der 1919 Walter Gropius das Bauhaus formte. Muthesius dagegen war als Beamter in Preußen mit der Aufgabe betraut, die Kunstgewerbeschulen zu modernisieren. Immer wieder wurde in den Jahren vor und nach dem Ersten Weltkrieg in den Staaten der Weimarer Republik über Reformen in der künstlerischen Ausbildung diskutiert. In München hatte 1917 Richard Riemerschmid, Gründungsmitglied des Werkbunds und zu jener Zeit Direktor der Kunstgewerbeschule, angeregt, die verschiedenen Kunstgattungen (Malerei, Skulptur, Architektur und angewandte Kunst) zu vereinen und die entsprechenden Einrichtungen (Kunstakademie und Kunstgewerbeschule) zu einer einzigen, modern konzipierten Kunstschule zusammenzulegen, die sich an den aktuellen europäischen Tendenzen orientieren sollte. Die Beziehung zwischen freier und angewandter Kunst und zwischen Architektur und Kunst nahm im 20. Jahrhundert sowohl in Deutschland als auch in Italien eine zentrale Rolle in der künstlerischen Debatte ein. Riemerschmids Versuch, das Verhältnis der verschiedenen Kunstgattungen neu zu definieren, stieß jedoch ab dem Beginn der Zwanzigerjahre auf starken Widerstand in den konservativen Kunstkreisen, die – im Namen der Verteidigung einer angeblich „reinen" Kunst – schließlich die Überhand gewannen. Riemerschmids Einsatz für eine „ars una" war zum Scheitern verurteilt, ebenso die Erneuerungsversuche weiterer Avantgardisten der Zwanzigerjahre.[29] Winfried Nerdinger spricht von einer „fatalen Kontinuität" in der Geschichte der Akademie von den Zwanziger- bis in die Fünfzigerjahre des 20. Jahrhunderts sowie von dem dramatischen Rückschritt in eine konservative, antireformistische Richtung ab 1933.[30] In München, der „Hauptstadt der Bewegung" und Standort des neu eröffneten Hauses der Deutschen Kunst, strömte das Publikum 1937 in die die Moderne diffamierende Wanderausstellung „Entartete Kunst", während die Professoren an der Kunstakademie sich mit dem Regime arrangiert hatten.

1946 wurde nach dem Kriegsende auf Wunsch des Bildungsministeriums die Kunstakademie mit der durch Bomben zerstörten Akademie für angewandte Kunst, der ehemaligen Kunstgewerbeschule, zusammengelegt. Die erneuerte Institution wurde in ihren Grundlagen wiederaufgebaut, während zunächst weder in der künstlerischen Ausrichtung noch unter kulturellen oder didaktischen Gesichtspunkten wesentliche Veränderungen festzustellen waren.[31] Erst unter der Leitung des 1948 zum Präsidenten ernannten Bildhauers Josef Henselmann begann sich das Klima an der Akademie zu verändern.[32] Neuen Schwung und einen entschiedenen Impuls hin zur Modernisierung der Lehre erhielt die Akademie, laut Thomas Zacharias,[33] durch die beiden Präsidenten, die sie in den Fünfziger- und Sechzigerjahren entscheidend prägten: Mit Sep Ruf, der ab 1953 an der Akademie Architektur und Städtebau lehrte und ihr von 1957 bis 1960 als Präsident vorstand, öffnete sie sich zur abstrakten Kunst. Und mit Paolo Nestler, Präsident von 1966 bis 1969, dessen Auftrag durch die Studentenproteste 1968/69 unterbrochen wurde, entstand der Studiengang Innenarchitektur.

Raumgestaltung und Textilentwurf

1960 wurde Paolo Nestler als Nachfolger von Joseph Hillerbrand an den Lehrstuhl für Raumgestaltung und Textilentwurf der Akademie der Bildenden Künste in München berufen, der ab 1966 Innenarchitektur heißt.[34] Mit dem Ruf an die Akademie begann ein neues Kapitel in seiner Laufbahn, das seiner freiberuflichen Arbeit als vielbeschäftigter Architekt, die er engagiert und erfolgreich fortsetzte, über die nächsten 25 Jahre eine intensive Lehrtätigkeit zur Seite stellte. Beide Bereiche gingen in Nestlers didaktischem und pädagogischem Programm Hand in Hand. Dank seiner intensiven Planungsarbeit zwischen 1950 und 1960 und der zahlreichen Würdigungen auf den Gebieten der Ausstellungsarchitektur und der Innenarchitektur, zog Nestler die Aufmerksamkeit von Kritikern und Architektenkreisen auf sich.

Die Freiheit der Lehre und eine pragmatische Herangehensweise kennzeichneten Nestlers Lehrtätigkeit, sein wichtigster Beitrag war jedoch ein authentisches, tiefgehendes Interesse für Architektur und sein Wunsch, dies den Studierenden zu vermitteln.

Dokumente im Archiv, Aussagen ehemaliger Studierender, die die Kurse von Nestler besuchten und seine Lehrmethode kannten, sowie Interviews mit Kollegen, Mitarbeiterinnen und Assistenten am Lehrstuhl für Raumgestaltung erlauben es uns, sein Profil als Dozent zu umreißen.[35]

Seine Lehrmethode war äußerst frei und offen, und seine Annäherung an einen Entwurf fantasievoll und unkonventionell. Nestler konfrontierte die Studierenden nicht nur mit einer bestimmten architektonischen Aufgabenstellung, sondern auch mit kulturellen Themen, die von Philosophie über Musik bis zu Literatur und Theater reichten. Unter den Veränderungen am Lehrprogramm, die Nestler vornahm, war die Einrichtung eines Grundkurses über zwei Semester, ein allgemeiner Einführungskurs ohne Spezialisierung oder Fachrichtung. Er bevorzugte eine perspektivische Skizze gegenüber einer fertigen Entwurfszeichnung und stellte lieber Kompositionsaufgaben, die schnell, spontan und kreativ ausgeführt werden sollten, als lange, mühselige Entwurfsarbeiten zu verlangen. Die Bedeutung, die er Raum, Licht und Farbe zumaß, war größer als das Interesse an Statik und Konstruktion. Unter kompositorischen Gesichtspunkten gewährte er den Studierenden große Freiheit: Es gab keine Vorgaben oder den Versuch, ihre Projekte zu beeinflussen, sondern im Gegenteil eine große Offenheit für die Neigungen und den Geschmack der einzelnen Studierenden, deren Kreativität er anzuregen versuchte. Noch 1985 bedankte sich ein Student Nestlers mit diesen Worten: „In meinen Augen ist Ihr besonderer Verdienst, daß Sie uns geholfen haben, unsere eigene Kreativität zu entdecken, und diese zu entfalten."[36]

Wie aus den Studienprogrammen und Lehrplänen zu entnehmen ist, spielten in Nestlers Lehre praktische Übungen und Reisen eine wichtige Rolle: Einzelübungen, Gruppenarbeit, Korrekturen im Hörsaal und vor allem Exkursionen waren ein wichtiger Teil der studentischen Ausbildung. 1966 organisierte Nestler eine Reise nach Japan, 1977 fuhr er mit Studierenden nach Amsterdam und nach Paris, um dort das Centre Pompidou zu besuchen, 1980 hielt er einen Kurs über das Thema der Beziehung und Integration von Alt und Neu, mit Ortsterminen in Paris und Wien. Natürlich war auch Italien Gegenstand von Studien und Reisen; die moderne italienische Architektur war in seinem Unterricht immer gegenwärtig, als Anregung, Überlegung und Bezug auf Projekte von BBPR, Carlo Scarpa und Gio Ponti bis zu Pierluigi Nervi. Neben den praktischen Übungen lag Nestler auch daran, den Studierenden theoretische Grundlagen zu vermitteln, mit Vorlesungen zu Raumtheorie und Raumgestaltungslehre.

Akademie und Gesellschaft: die Rolle der Kunst

Angesichts der fortschreitenden Technisierung in einer Gesellschaft, die sich für industrielle Planung und Produktion begeisterte und die Integration von Kunst und Industrie vorantrieb, waren die führenden Theoretiker und die Protagonisten der Architektur der Nachkriegszeit gefordert, sich mit dem Problem der Beziehung von Kunst, Design und Massenproduktion auseinanderzusetzen. „Geblendet vom Widerschein – einem wahren Trugbild –, aus dem die Regel abgeleitet wurde, dass Konsum gesellschaftlichen Zusammenhalt schaffe, stürzt sich die Forschung kopfüber ins ‚Design' und in die programmierte Kunst, mit der Utopie, die wichtigsten Produktionsgebiete zu planen. [...] Es wird ein regelrechter ‚Boom' der Industrie ausgelöst, der sich in eine Vernarrtheit in jegliches Standardprodukt übersetzt."[37]

Im Jahr 1967 behandelte Paolo Nestler dieses Problem als Architekt und Präsident der Akademie der Bildenden Künste in einer Rede mit dem Titel „Akademie und Gesellschaft".[38] Bei dieser Gelegenheit beschäftigte er sich mit der Rolle des Künstlers in der zeitgenössischen Gesellschaft, die auf Massenproduktion und Massenkonsum ausgerichtet war und in der es seiner Meinung nach immer weniger Platz für individuelles künstlerisches und kreatives Schaffen gab.[39]

Nestler sprach von der Notwendigkeit, einen Dialog zwischen den Künsten herzustellen, um zu vermeiden, dass die einzelnen Kunstschulen einer Stadt als unabhängige, gesonderte Zellen arbeiteten: Vereinigung und Zusammenarbeit der Künste und Ausbildung der Jugend seien die vorrangigen Aufgaben der Akademie, die in erster Linie eine Schule sei, weswegen „von Kunst nicht allein im euphorischen, esoterischen, metaphysischen Sinn unter einer Glasglocke die Rede sein soll, sondern auf der junge Menschen zu dem erzogen werden, was sie sein müssen im Geflecht unserer Gesellschaft“.[40] Der Dialog zwischen den verschiedenen Gebieten der Kunst, die schöpferische Freiheit und soziales Engagement sind folglich für Nestler die grundlegenden Werte eines guten, modernen Erziehungssystems, das imstande ist, die irrationalen Komponenten von Kunst und Architektur zu bewahren, die für jede Form von Kreativität lebenswichtig sind.

Nestler erhob seine Stimme also, um für die Würde und die Einmaligkeit der Kunst einzutreten und das schöpferische Potenzial des Individuums zu verteidigen. Deutschland, das über moderne Technologien und Produktionssysteme verfügte, hatte schon eine politische Entscheidung zugunsten von Industrialisierung und Mechanisierung getroffen. Italien dagegen, das technisch rückständiger und weniger modernisiert war, blieb vorindustriellen Produktionsbedingungen und einer handwerklichen Beschaffenheit der Produkte verbunden. Hier bestand der größte Unterschied zu den italienischen Positionen auf dem Gebiet der Innenarchitektur und des Designs, und hier war auch die Wurzel der Krise verborgen, die erst einige Jahre später zum Ausbruch kommen sollte. Das Bedürfnis nach einer neuen Ausdruckweise, einem breiteren Experimentierfeld für Formen, Materialien und Raumlösungen und einer größeren Berücksichtigung von Tradition und Genius Loci wurde in Deutschland immer stärker und radikalisierte sich in den Sechzigerjahren, wie das Manifest von Oswald Matthias Ungers und Reinhard Gieselmann „Zu einer neuen Architektur“ zeigt.[41] Obwohl sich Nestler der Krise der zeitgenössischen Kunst und Architektur bewusst war, sah er die Möglichkeit einer schöpferischen Verwandlung, für die er sich als Lehrer und Architekt einsetzte.

Nestlers Plädoyer für eine engagierte Kunst – sofern das gesellschaftliche Engagement des Individuums auf einen kritischen Geist und die Fähigkeit des Einzelnen, das intellektuelle Niveau der Gesellschaft zu heben, zurückzuführen ist – fand ein breites Echo in der Presse, die von Nestlers „leidenschaftlicher Auseinandersetzung mit den in die Zukunft weisenden geistigen Strömungen“ sprach,[42] während die *Süddeutsche Zeitung* lange Passagen von Nestlers Vortrag wiedergab und schrieb, es gehöre „zum Bedeutendsten, was in der letzten Zeit zu dieser kritischen Frage gesagt wurde“. Die Botschaft und deren idealistischer Inhalt und Tragweite wurden positiv beurteilt: „Sein Bekenntnis zu Wahrheit und Freiheit, die Erkenntnis der Notwendigkeit von Gespräch und Zusammenarbeit, die Klarheit, mit der er die Probleme im Bereich der Akademie und der Öffentlichkeit formulierte, entwarfen eine mögliche Funktion der Kunstakademie in der Gesellschaft, etwas vom Prinzip Hoffnung, etwas von Orientierung in der allgemeinen Unsicherheit.“[43]

Weniger enthusiastisch war dagegen die Reaktion der Studierenden der Akademie, die in Nestlers Ausführungen keine konkreten Antworten auf die Probleme erkennen konnten, die sie für vorrangig hielten, wie zum Beispiel eine Reform der autokratischen Lehrmethoden, das Mitspracherecht von Studierenden, die unzureichende Supervision durch die Lehrenden und die Unterbrechung der Werkstattarbeit wegen privater Aufträge der Professoren. Diese Forderungen trugen schon den Keim der Proteste in sich, die zwei Jahre später ausbrechen und im Rücktritt Nestlers als Präsident enden sollten.[44] 1969 gipfelten die Unruhen und Proteste, die 1968 begonnen hatten, in Gewaltexzessen und Provokationen durch die Studierenden, in deren Verlauf die Akademiegebäude beschädigt wurden. Das Kultusministerium griff hart durch, während Nestler, in seiner Rolle als Präsident, die Verantwortung für die Aufrechterhaltung der Ordnung an der Akademie übernehmen und sogar Schadensersatz leisten sollte.[45]

Paolo Nestler als Präsident der Akademie während der Proteste 1968

Infolge der Radikalisierung der Proteste und der repressiven Vorgehensweise des Ministeriums trat Nestler von seinem Amt zurück, ebenso wie Vizepräsident Georg Brenninger. Laut Nestler waren die Unruhen „ernste Symptome einer Krise der Kunsthochschule“ und die Reaktion des

Ministeriums auf die Gewaltakte vollkommen inakzeptabel. „Der Entwicklungsprozeß der Hochschule sollte nicht durch dirigistische Ordnungseingriffe des Kultusministeriums und Weisungen, die die Freiheit von Lehre und Forschung im Bereich der Kunst in Frage stellen, von außen gelenkt oder unterbunden werden."[46] Mit seiner deutlichen Positionierung gegen die repressiven Maßnahmen des Ministeriums, legte Nestler sein Präsidentenamt vorzeitig nieder, führte jedoch seine Lehrtätigkeit fort und setzte sich dafür ein, den Kurs für Innenarchitektur in einen Studiengang zu verwandeln.

Im Jahr 1970 wurden Nestler und weitere Dozenten und Dozentinnen der Akademie sowie bekannte Kulturschaffende Münchens gebeten, ihre Meinung zu zentralen Fragen der Künstlerausbildung zu äußern, die ins Chaos zu stürzen drohte. Auf die Frage nach der Rolle und der Bedeutung der Kunst und ihrer Beziehung zum Kunstgewerbe, antwortete Nestler: „Die Neueinführung einer Kunstgewerbeschule lehne ich völlig ab. Das ist romantischer Schmarrn abseits der Realität. Es gibt keine Parallelen zur Vorkriegssituation. [...] Der Künstler muß sich vor allem im Umgang mit Menschen bewähren: als Spielkoordinator, Animator, im Aufspüren verschütteter Kreativität. Man muss der Akademie Zeit lassen, ihre Selbstverständlichkeit wiederzufinden."[47]

Der Studiengang Innenarchitektur

In den Jahren des Wiederaufbaus und des Wirtschaftsbooms nach dem Zweiten Weltkrieg erlangten Raumgestaltung und Ausstellungsarchitektur, angestoßen von veränderten Produktionsbedingungen und gesellschaftlichen sowie kulturellen Umwälzungen, eine ganz neue Bedeutung. Es handelte sich nicht nur um den Rückzug ins Private als Antwort auf politische, moralische und kulturelle Spannungen: Das Interesse für Innenräume und Einrichtungselemente, das sich in den Fünfzigerjahren ausbreitete, hatte weit tiefere Wurzeln, die sich bei einer gründlichen Analyse als komplexe Beziehungen zwischen Ideologie und Form herausstellen.[48] Die Beachtung, die der Bereich von Einrichtung und Interior Design nun fand, der neue Arbeitswelten für Architekten und Designer erschloss, beschleunigte die wichtige Reform der Lehre in der Akademie, die Nestler durchführte. Ihm gebührt das Verdienst, einen neuen Studienzweig eingerichtet, vor allem aber dem zugehörigen Berufsfeld, dem des Innenarchitekten, Ansehen gegeben zu haben: Harald Roth, der nach dem Zweiten Weltkrieg an der Münchner Akademie Architektur lehrte, stellte noch bezüglich der als unsinnig betrachteten Trennung der Fächer 1948 fest: „Ein Architekt, der keinen Innenraum und kein Möbel bilden kann, ist kein Architekt, und ein Architekt, der nur einen Innenraum entwerfen kann, ist auch kein Architekt."[49]

Vor Nestlers Berufung lehrte Joseph Hillerbrand von 1946 bis 1960 als Professor der Akademie das Fach Innenraumgestaltung und Gerät. Hillerbrand war bereits 1922 von Richard Riemerschmid an die Kunstgewerbeschule als Lehrer für Dekorationsmalerei berufen worden und in allen Bereichen der angewandten Kunst aktiv, von Möbel über Stoffe und Gobelins bis zu Keramik, Glas und Leuchten. Ihm war der experimentelle und handwerkliche Ansatz zu verdanken, der die Raumgestaltung bis zur Ankunft Nestlers auszeichnete, mit dem das Fach eine neue, mehr am modernen Konzept des Interior Designs orientierte Ausrichtung bekam. Dank Nestlers Reform in den Siebzigerjahren ging aus einem einzelnen Fach der Studiengang Innenarchitektur hervor. Der neue, neun Semester umfassende Studiengang endete mit einer Abschlussprüfung, mit der die Studierenden den Grad eines Diplom-Ingenieurs erlangten. Nach einer dreijährigen experimentellen Phase wurde er am 1. Dezember 1978 mit der Annahme eines Lehrplans samt zugehöriger Prüfungsordnung eingerichtet und der Innenarchitekt offiziell als eigenes Berufsprofil anerkannt.

1985, anlässlich einer Ausstellung von Arbeiten, die Studierende in den Jahren 1975 bis 1985 geschaffen hatten, wurden dem Publikum die Ergebnisse von zehn Jahren Arbeit des Fachbereichs Innenarchitektur durch Skizzen, Zeichnungen, Gestaltideen, Reiseberichte, Raummodelle, Pläne und Entwürfe präsentiert. Ziele der Lehre waren, das kritische Denken, die kreative Auslegung und die Fähigkeit anzuregen, bildliche Phänomene zu erkennen und ihre Wahrnehmung zu untersuchen. Dabei sollten Fähigkeiten entwickelt werden, einen Raum wahrzunehmen, seine Morphologie aufzuzeigen, Probleme analytisch anzugehen und einen Entwurfsprozess zu beginnen und zu Ende zu führen. Und schließlich sollte die Liebe zur Form angeregt und vor Normen, Ideologien, Dogmen und vor allem Beschränktheit gewarnt werden. „Die Enge ist gefährlich, nicht nur für die Lehre", schrieb Nestler.[5]

Projekte

La dolce vita: Bars, Cafés, Eisdielen und Kinos

In der Nachkriegszeit spielten neben gesellschaftlich relevanten Themen wie dem sozialen Wohnungsbau und dem Schulbau architektonische Projekte für Freizeit und Unterhaltung eine zentrale Rolle, wie auch das Thema der 13. Triennale von Mailand im Jahr 1964 bestätigt: „Die Freizeit".[51] Der Boom von Eisdielen im München der Fünfziger- und Sechzigerjahre ist Ausdruck einer Gesellschaft, die den Krieg hinter sich gelassen hatte und die heitere Atmosphäre italienischer Bars in die im Wiederaufbau befindliche Stadt holen wollte. Nestler gestaltete in München mehrere Eisdielen sowie eine Reihe von Cafés, Restaurants und Kinos, von denen heute jedoch außer im Nachlass und in den Architekturzeitschriften der Zeit kaum Spuren geblieben sind. Ebenso wie die Museumseinrichtungen und die Ausstellungspavillons waren auch seine Innenräume dazu bestimmt, die Zeit nicht zu überdauern. Dabei kam Nestlers architektonisches Talent besonders in raffinierten, verspielten Innenräumen zur Entfaltung.

Die Typologie des Eiscafés, eine Mischung aus italienischer Eisdiele und deutschem Café, verkörpert am besten das Zusammentreffen von südeuropäischen und mitteleuropäischen Elementen, das Nestlers Werk auszeichnet. Wie Giuseppe Pagano 1941 über die Bar „Craja" in Mailand bemerkte, galt schon während des Kriegs bei den Architekten ohne Aufträge und Arbeitsmöglichkeiten „das Mäzenatentum einiger intelligenter Wirte als heldenhafter Mut".[52] Doch auch die Einrichtung der 1930 von Luciano Baldessarini in Zusammenarbeit mit den Architekten Luigi Figini und Gino Pollini und den Künstlern Marcello Nizzoli und Fausto Melotti entworfenen Bar „Craja" wurde 1964 vollständig entfernt.

Eiscafé „Venezia" Rotkreuzplatz München

Das erste Eiscafé in München, das „Venezia" gestaltete Nestler 1951 am Rotkreuzplatz in Neuhausen.[53] Wie auf zeitgenössischen Fotografien zu sehen, charakterisierten wenige, perfekt aufeinander abgestimmte Architektur- und Einrichtungselemente den Raum und verliehen ihm Einheitlichkeit: Theke, Decke, Tische und Stühle [Seite 49]. Auf der mit einem durchbrochenen Metallblech verkleideten Theke, die von innen beleuchtet war, lag eine Platte aus grauem Marmor auf. Ihre geschwungene Form bestimmte und belebte den gesamten Raum. Die Wände dahinter schmückten Leuchten aus Metall und Messing sowie zwei Keramiken der italienischen Designerin Antonia Campi. Der geschwungenen Form der Theke entsprach die Kurve der Decke, die die indirekten

Eiscafé „Venezia“, Rotkreuzplatz, München, 1951

Eiscafé „Venezia", Rotkreuzplatz, München, 1951

Lichtquellen verbarg. Die Rückwand beherrschte eine großformatige Reproduktion eines Stichs, der den Markusplatz in Venedig darstellte [Seite 50]. Der Architekt wollte in diesem begrenzten Raum mit zeitgenössischen Mitteln und unter geringem Kostenaufwand durch die Verwendung einfacher Materialien wie Buchenholz und Edelstahl für die Tische und Stühle ein frisches, reizvolles, typisch italienisches Ambiente schaffen. Bei der farblichen Gestaltung herrschten Naturfarben vor: Olivgrün und Gelb für Theke, Tische und Stühle, helles Ultramarin für die Decke und Graugrün auf dem Fußboden.

Eiscafé „Venezia" Stachus München

Ein weiteres Eiscafé „Venezia", von dem ein Grundriss sowie einige Fotografien erhalten sind, entstand 1954 am Stachus in München.[54] Anhand der wenigen Abbildungen und kurzen Beschreibungen können die Einzelheiten des Projekts nur zum Teil rekonstruiert werden: ein Lokal auf zwei Etagen, mit einer Galerie, Tischen auf beiden Ebenen und einer Theke längs der Wand neben dem Eingang [Seite 53 oben]. Die Verkleidungen waren aus Mahagoni und der Fußboden aus Linoleum, während die Balustrade der zweiten Etage aus Glas war, ebenso wie die Wandleuchten. Die Tischplatten waren aus Resopal, die Stühle in den Farben Grau, Rot, Gelb, Schwarz und Hellblau gehalten.

Eiscafé „Venezia" Kurfürstenplatz München

Drei Jahre später entwarf Nestler am Kurfürstenplatz ein Eiscafé „Venezia", das größer war als die vorherigen und komplexer in der Raumgestaltung. Es nahm eine längliche Parzelle mit einem Knick von 60 Grad ein. Wie bei vielen Projekten Nestlers war die Decke ein wesentliches Element: Sie schmückte und gestaltete den Raum, verlieh ihm Farbe und war zugleich Blickfang. Diese Decke zeichnete ein dichtes Zusammenspiel von Linien aus, das sich an der Geometrie von Dreieck und Sechseck orientierte [Seite 54]. Diese Dreiecke und Sechsecke an den Wänden und der Decke schenkten dem Projekt Einheitlichkeit und stellten eine geordnete Asymmetrie sowie eine von der Geometrie kontrollierte Dynamik her. Es wurden vielfältige Materialien verwendet: Einige Wände waren mit Klinker verkleidet, die Trennelemente aus dunklem Eichenholz gefertigt, der Fußboden dagegen aus Gummi (grauer Novaplan), während die Verkleidungen aus Resopal in den Farben Weiß, Schwarz, Grau und Zitronengelb bestanden. Die petrolgrüne Decke war mit einem Unterbau aus Eichenholz versehen. Nestlers Entscheidung für die gleichzeitige Verwendung traditioneller Materialien wie Holz und Marmor und moderner Produkte wie Linoleum und Gummi belegen seine Fähigkeit, unterschiedliche Gebiete zu vereinen: Tradition und technologische Innovation, klassischen Stil und modernes Industriedesign.[55]

Eiscafé „Venezia“ Leopoldstraße München

Das Eiscafé Venezia in der Leopoldstraße war 1965 das letzte dieser von Nestler geschaffenen Serie. Auch hier stand die lichte, modern gestaltete Decke im Mittelpunkt, die zusammen mit den abstrakten Bildern an den Wänden das einzige Dekorationselement war [Seite 53 unten]. Im gleichen Zeitraum entwarf Nestler in der bayerischen Hauptstadt eine Bar, ein Restaurant und zwei weitere Cafés: das Café im Kaufhaus Oberpollinger in der Neuhauserstraße (1954), das Restaurant „Fontana di Trevi“ im selben Kaufhaus (1958), das Café „Fred Kraus“ am Maximiliansplatz und das Café im Bayerischen Nationalmuseum. Nestler gestaltete jedes Detail dieser eleganten Innenräume stilsicher und erfindungsreich und entwickelte neue, effektvolle Lösungen: zum Beispiel im Café des Nationalmuseums, in dem er auf sehr kleinem Raum mithilfe eines wie eine Überdachung in die Rückwand eingefügten Dreieckelements eine Art optische Illusion aus Flächen, geometrischen Formen, Farben, Licht und Schatten schuf [Seite 55].

Café im Bayerischen Nationalmuseum München

Neben den Cafés und Eisdielen war unter den in München realisierten Projekten kleineren Maßstabs auch eine Parfümerie, die Nestler in den Sechzigerjahren im Rathaus an der Weinstraße gestaltete. Während die Zwischendecke des Eiscafés „Venezia“ am Kurfürstenplatz ein lineares, fast grafisches Design aufwies, sah er für die hölzerne Zwischendecke der Parfümerie ein dreidimensionales Gitter von Prismen unterschiedlicher Höhe vor, von denen einige Leuchtkörper enthielten [Seite 56, 57]. Diese erfinderische Lösung ging aus der Notwendigkeit hervor, die Proportionen des Geschäfts auszugleichen, ein lang gezogenes Rechteck mit einer maximalen Breite von 4,5 m und einer Höhe von ca. 5,5 m. Die Prismen, die von der Decke zu hängen schienen, verminderten die Höhe und verliehen dem Raum gleichzeitig Bewegung und Plastizität. Die Einrichtung vervollständigten ein Ladentisch mit einem verchromten Gestell aus quadratischen Rohren, Vitrinen aus Teak, ein Fußboden aus graugrünem PVC und indigoblaue Wände.[56]

Parfümerie im Rathaus München

In einem Artikel, in dem das Restaurant „Fontana di Trevi“ und das Eiscafé „Venezia“ vorgestellt wurden, beschrieb Nestler in einigen wenigen Sätzen seine kompositorischen Prinzipien bei der Planung von Innenräumen:

„Keine Möblierung, sondern gestaltete Einrichtung. Keine szenografische Ansammlung von Dekors, sondern exakte Behandlung der raumbildenden Teile nach einer gewissen geometrischen Ordnung mit großem Wert auf Materialbehandlung und optisch richtigem Einsatz von

Eiscafé „Venezia", Stachus, München, 1951

Eiscafé „Venezia", Leopoldstraße, München, 1965

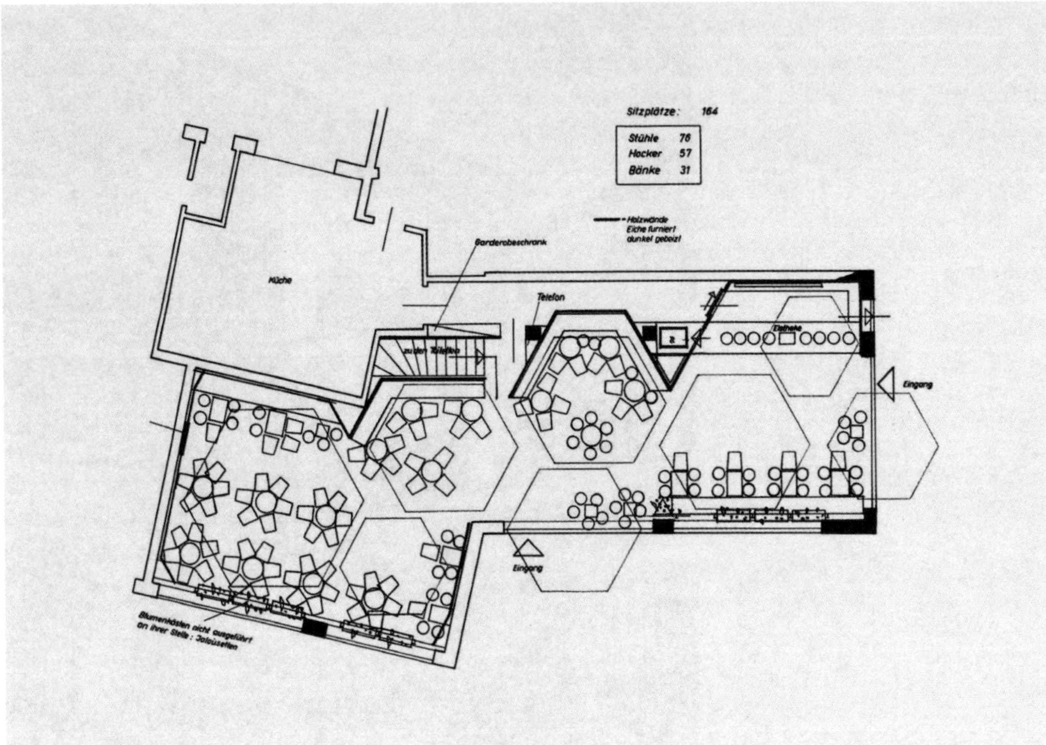

Eiscafé „Venezia", Kurfürstenplatz, München, Grundriss, 1957

Eiscafé „Venezia", Kurfürstenplatz, München, 1957

Café im Bayerischen Nationalmuseum, München, 1953

 Parfümerie im Rathaus, München, 1962

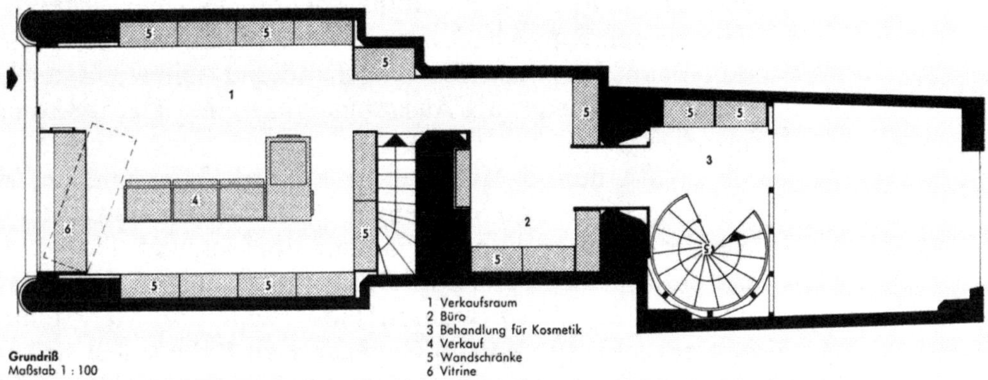

Parfümerie im Rathaus, München, Grundriss, 1962

Farbe und Licht. Keine stereotype Anwendung Mondrianischer Gestaltungsprinzipien in Verbindung mit Kunstgewerbe des rechten Winkels, sondern kompositorische Lösung mit Rücksicht auf die jeweiligen Funktionen des Raumes und seine Proportion. Kein Raum, der ausschaut wie das Innere einer Schuhschachtel, mit vier irgendwie dekorierten Pappwänden und irgend etwas drin, sondern in den Raum hineingreifende Behandlung seiner plastischen Architekturglieder als Ausgangspunkt einer Gesamtkomposition."[57]

Mit den in München gestalteten Cafés und der Einrichtung des neuen Studiengangs an der Akademie leistete Nestler einen großen Beitrag zur Entwicklung der Innenarchitektur in Deutschland.[58] Dass er nur wenige Schüler hatte, ist vor allem auf wirtschaftliche Gründe und Markttendenzen zurückzuführen: Im Gegensatz zu Italien, das sich seit jeher einer Handwerkstradition auf höchstem Niveau rühmen kann und imstande ist, sie mit innovativem Design zu verknüpfen, setzte Deutschland auf Industrialisierung, Systembauweise und Serienproduktion, während Einzelfertigungen und originelle Lösungen, wie die auf diesen Seiten illustrierten, vernachlässigt wurden. Von grundlegender Bedeutung für die Beziehung zwischen Kunst und Industrie, handwerklicher Produktion und Unternehmertum im Allgemeinen ist die Ausführung von Designermöbeln. Im Deutschland der Nachkriegszeit war die Möglichkeit der Zusammenarbeit von Künstlern und Produzenten noch nicht in das industrielle Bewusstsein vorgedrungen. So lassen sich die Schwierigkeiten des Dialogs zwischen Unternehmern, Produzenten und Auftraggebern erklären, und es war kein Zufall, dass die von Nestler entworfenen Innenausstattungen häufig aus Italien stammten. Im Übrigen war die führende Rolle Italiens im Bereich des Industriedesigns schon in den Zwischenkriegsjahren unbestritten. Gio Ponti schrieb 1933: „Welche Gründe, welchen Antrieb haben Händler, ein Vermögen für moderne Einrichtung auszugeben? Abgesehen davon, dass die besten Architekten ihnen wohl durchdachte Geschäfte entwerfen, die bequem, gut beleuchtet, funktionell und praktisch sind und keinen Platz oder Geld für überflüssige Schnörkel verschwenden, ist es so, dass der Händler an den Faktor modernes Geschäft glaubt, denn er spürt, dass das Publikum an den modernen Händler glaubt, an den Menschen, der neuen Ideen offensteht und neue Produkte anbieten kann."[59]

In einem Interview erzählte Nestler, auf welche Schwierigkeiten seine schöpferische Initiative in Deutschland gestoßen sei. Seine Möbelentwürfe wurden nicht hergestellt,

Arri-Kino, München, Foyer, 1959

weil sich deren serielle Produktion innerhalb des deutschen Systems nicht lohnte. Da er die „Venezia"-Eisdielen für italienische Unternehmer realisierte, konnte er mit Materialien, Farben, Licht und großer Detailaufmerksamkeit experimentieren. Der kreativste Teil seiner Arbeit stand der handwerklichen Arbeitsweise der Italiener viel näher als dem pragmatischen und leistungsorientierten deutschen Markt, der in den Fünfziger- und Sechzigerjahren hauptsächlich über Architekten-Techniker verfügte. Karl A. Bieber äußerte sich 1953: „Eines ist aber sicher, zumindest in Italien gibt es mehr und mutigere Auftraggeber, die den Architekten ihrer Wahl freie Hand, volle Verantwortung und viele Möglichkeiten und damit Freude – die Voraussetzung aller schöpferischen Arbeit – geben."[60]

Arri-Kino, München, Saal, 1959

Zu der von Nestler in den Fünfzigerjahren geschaffenen Freizeitarchitektur gehörte auch das 1959 in der Maxvorstadt eingeweihte Kino des ARRI-Konzerns, das kürzlich in ein modernes Multiplex-Kino umgewandelt wurde. Nestler gestaltete hier einen dynamischen, vitalen Raum, wie er typisch für die Kinoarchitektur jener Jahre war.[61] Zum Zeitpunkt seiner Erbauung umfasste das Arri-Kino einen trapezförmigen Saal mit 500 Plätzen im Souterrain, in den man durch ein großzügiges, unregelmäßig geformtes Foyer gelangte [Seite 59, 60]. Der Saal diente verschiedenen Arten von Filmvorführungen und Tonaufnahmen (Synchronaufnahmen, Schallplattenaufnahmen, Experimentaltonaufnahmen). Nestler konzentrierte sich auf zwei Elemente: einerseits die optischen und akustischen Aspekte des Saals, um eine optimale Sichtbarkeit der Leinwand von allen Sitzplätzen und eine vollkommene Schallisolierung durch die entsprechende Ausstattung der Wände und der Decke zu gewährleisten; andererseits die plastische Wirkung der durch die Konstruktion bedingten kräftigen Träger und Pfeiler. Die Träger waren schallgerecht mit Rigipsplatten verkleidet. Die lamellenartige Ausbildung der Zwischendecke im hinteren Teil des Raums unterstützte die plastische Wirkung der Deckenteile, während die Wände mit einer streng gegliederten Teakholzverkleidung flächenhaft und ruhig erschienen.[62]

Im Foyer strömte Licht durch eine 14 m lange Glaswand aus Profilitscheiben herein und erzeugte einen intensiven Kontrast zwischen der Glaswand und der dynamisch anmutenden Decke. Auch im Foyer waren die Wände mit Teak verkleidet. Aus konstruktiven und funktionalen Gründen waren einige ebenfalls mit Holz verkleidete Wandteile im Grundriss nicht im rechten Winkel: Dadurch wurde eine kräftige Bewegung des Raums erreicht, im Kontrast zur weißen Decke, die über diesen Holzteilen niedriger und glatt war. Die Räume mit einem linearen und essenziellen Design kamen ohne Dekoration aus. Im Foyer bestimmten die Deckenträger mit ihrem nach oben gebogenem Verlauf den Raumeindruck, der ausschließlich auf seinen Proportionen aufbaut.

Das Ephemere als Antikörper: Museen, Ausstellungen und Pavillons

Die Ausgabe der Zeitschrift *Bauen und Wohnen* vom Januar 1958 war der Ausstellungsarchitektur gewidmet. Der einleitende Artikel mit dem Titel „Ausstellungen und Architektur“[63] war Paolo Nestler zu verdanken, ebenso wie drei der Ausstellungspavillons, die vorgestellt wurden: das Auskunftsbüro der deutschen Wirtschaft auf der Herbstmesse in Zagreb 1957, der deutsche Pavillon auf der Industriemesse in Mailand 1957 und der Pavillon für das Schweißerhandwerk auf der Handwerksmesse in München, ebenfalls 1957. Das Editorial kündigte die Präsentation einer Auswahl vorbildlicher Projekte an, die inmitten der unzähligen misslungenen Beispiele ausfindig gemacht wurden, die im gleichen Zeitraum in allen kleinen und großen europäischen Städten entstanden waren. Nach Ansicht der Redaktion lohnten angesichts dieser „katastrophalen Inflation“ nur wenige Ausstellungsbauten einen Besuch und einer näheren Betrachtung, darunter die Projekte von Erik Gleme (Stockholm), Carl Auböck (Wien), Karl Otto, Hansdietmar Klug und Eduard Ludwig (Berlin), Franz Füeg (Solothurn) und Paolo Nestler (München).[64] In dieser Übersicht fehlten Beispiele aus Italien, wie die ab den Dreißigerjahren von Franco Albini und anderen Architekten wie BBPR gestalteten Bauten von großer Intensität und Raffinesse. Nestler orientierte sich bei seinen Werken, in denen Experimentierfreude, Rationalität der Komposition und die sorgfältige Auswahl von Materialien und Details zum Ausdruck kommen, gerade an den zeitgenössischen italienischen Projekten im Bereich der Museums- und Ausstellungsgestaltung.

Neben der Planung von Innenräumen, denen sein Hauptinteresse galt und die seine Theorien zur Wahrnehmung und Gestaltung von Räumen illustrierten, verwirklichte Nestler seine bedeutendsten Projekte auf dem Gebiet der Ausstellungsarchitektur, wo sich der experimentelle Charakter seiner Arbeit besonders gut entfalten konnte. Bei seiner Berufung an die Akademie der Bildenden Künste beruhte sein Ansehen vor allem auf ephemeren Bauwerken für Museen, Ausstellungsbauten und Messepavillons.[65] Diese Werke, die in den Architektur- und Designmagazinen der Zeit publiziert wurden, sind im Nestler-Archiv mit Fotografien und Skizzen sowie Zeitungsausschnitten und -artikeln überliefert. Sie sind Zeugnisse einer umfassenden, nicht mehr erhaltenen

Produktion, die den schöpferischen Reichtum der verschiedenen Lösungen und den leidenschaftlichen Einsatz vermitteln, mit dem sich Nestler jedem dieser Projekte widmete, obgleich sie für den Abbruch bestimmt waren.[66] Aber gerade der provisorische Charakter dieser Bauten erklärt ihren Erfolg: Die begrenzte Lebensdauer, ihre spezifische Funktion, die Möglichkeit, innovative, überraschende Raumlösungen auszuprobieren – ein typisches Merkmal von Ausstellungsbauten und Messepavillons – und die Möglichkeit, an Veranstaltungen für ein großes Publikum wie der Triennale von Mailand teilzunehmen, waren für Nestler wertvolle Gelegenheiten, sich als Planer zu etablieren.

Deutsches Museum, München, Neubau im Garten, Fassade, 1958

Erweiterung des Deutschen Museums München

Der erste bedeutende öffentliche Auftrag, den Nestler erhielt, war die Erweiterung des Deutschen Museums in München, eines der größten und meistbesuchten technischen Museen Deutschlands, das sich auf einer eigenen Isarinsel befindet und seit einigen Jahren umfassend renoviert wird.[67] Nestler wurde beauftragt, für dieses große, Anfang des 20. Jahrhunderts errichtete Gebäude, das verschiedene, um Höfe gruppierte Flügel umfasst, einen Anbau zu schaffen sowie sich um die Gestaltung verschiedener Abteilungen (Schiffs- und Flugzeugbau, Astronomie und Planetarium, Brücken- und Straßenbau, Mechanik der Festkörper, Glastechnik, Atomphysik und Transporte) zu kümmern.[68]

Der neue, von Nestler zwischen 1956 und 1959 errichtete Flügel, in dem die Abteilungen für Atomphysik und Transport untergebracht werden sollten, umfasste eine Fläche von 1500 m^2 und diente als Verbindungselement zwischen den historischen Gebäuden von Gabriel von Seidl und dem in den Dreißigerjahren erbauten Saal für Kraftfahrzeuge im südlichen Gebäudeteil. Es handelte sich um ein dreigeschossiges Bauwerk aus Stahlbeton mit Ausstellungsräumen und Forschungslabors. Die Gestaltung der Fassade spiegelte das funktionale Raumprogramm des Gebäudeinneren [Seite 63]. Drei Reihen von Fensteröffnungen, eine für jedes Stockwerk, zeigten nach außen die Verteilung und unterschiedliche Nutzung der Innenräume an: Im Erdgeschoss war ein offener, heller Ausstellungsraum untergebracht, im ersten Stock die Physiklabors, die von wenigen, kleinen Fensteröffnungen erhellt wurden, während sich im zweiten Stock die Abteilung für Atomphysik befand, mit Blindwänden und ausschließlich zenitalem Lichteinfall durch ein System von Plexiglaskuppeln. Nestler erklärte in einem Interview die Bedeutung der Fassade in der zeitgenössischen Architektur: „Die außen erscheinende Gestalt ist ein ablesbares Ergebnis der inneren räumlichen Organisation, in zweiter Linie des konstruktiven Aufbaues der abschließenden äußeren Haut. Erscheinungsform, Konstruktion und Inhalt sind als Einheit erkennbar. Die ‚Fassade' ist nicht unabhängig von der inneren Funktion des Bauwerkes."[6]

Sowohl die Fassade als auch die Innenräume wurden später umgebaut, aber zahlreiche damals aufgenommene Fotografien zeigen lichte Räume mit leichten Metallstrukturen, Tafeln aus Holz und Glas, Trennwände, Linoleumböden, Schaukästen, unterschiedliche Systeme für die natürliche und die künstliche Beleuchtung und Leinwände für die Projektion von Videos und Dokumentarfilmen. Die sorgfältige Auswahl und Anordnung der Elemente und das besondere Augenmerk, das Nestler auf die formalen und funktionellen Anforderungen sämtlicher Räumlichkeiten legte, verliehen den Sälen eine Klarheit und Schlichtheit, die zu den technischen Themen und zum didaktischen Charakter des Museums passte [Seite 65]. Gottfried Knapp, der Architekturkritiker der *Süddeutschen Zeitung*, urteilte noch 1980: „Das Deutsche Museum – bis in die Fünfzigerjahre hinein ein Konglomerat von Abstellräumen, ein muffiges Sammelbecken für ausrangierten technischen Plunder – verdankt Nestler das moderne Präsentationskonzept, das dem toten Sammelgut überhaupt erst sein Leben und seine Würde gibt."[70]

Deutsches Museum, München, Abteilung Mechanik der starren Körper, 1958

Deutsches Museum, München, Abteilung Atomphysik, 1958

Erweiterung des Haus der (Deutschen) Kunst München

Einige Jahre später erhielt Nestler den Auftrag für den Ausbau eines weiteren Museums: Anlässlich der Olympischen Spiele 1972 wurde die Erweiterung des zwischen 1933 und 1937 vom Architekten Paul Ludwig Troost erbauten Hauses der (Deutschen) Kunst in München nötig, um die große Ausstellung „Weltkulturen und moderne Kunst" aufzunehmen.[71] Das von Nestler für den späteren Abbruch geplante Provisorium war ein zweistöckiger Glaskörper, der sich in einer Länge von 150 m über die gesamte Rückseite des Gebäudes erstreckte, die Fassade zum Englischen Garten verdeckte und die unbeliebten Riesensäulen, die teilweise hinter der Glasschale durchschienen, eingliederte [Seite 67 unten]. Raffiniert und sensibel antwortete Nestlers Entwurf auf ein heikles Problem, nämlich seine Beziehung zu einem Hauptwerk der Architektur des Nationalsozialismus. Die Monumentalität, Strenge und Schwere des Kunstmuseums wird mit der Gewichtslosigkeit und Transparenz des Pavillons konfrontiert: „Der architektonische Grundgedanke war, eine Art Antikörper zum Haus der Kunst zu schaffen", sagte Nestler. „Als Zeugnis heutiger Architektur wollten wir dem Überdimensionalen etwas Improvisiertes, Liebenswürdiges, Freches entgegensetzen."[72] Obwohl zum Abriss bestimmt, war der Anbau so erfolgreich, dass die Idee diskutiert wurde, ihn als Galerie für temporäre Ausstellungen oder andere kulturelle Zwecke zu erhalten.

Dazu erschien im September 1972 in der Münchner Zeitschrift *Baumeister* ein Beitrag zum Anbau am Münchner Haus der Kunst und seinen geplanten Abriss: Anhand von Kostenkalkulationen (Abbrucharbeiten und Fertigstellung) und anderen funktionellen und praktischen Überlegungen vertrat der Autor die Meinung, dass das Bauwerk zu erhalten wäre und als „offenes Forum der Kommunikation" langfristig benutzbar gemacht werden sollte.[73] Derselben Meinung war Architekturkritiker Peter M. Bode,[74] der sich für die Bewahrung des „charmante[n] Provisorium[s] [...] auf der Terrasse hinterm Haus der Kunst" einsetzte, das er als Nestlers schönsten Bau bezeichnete.[75] Bode verlagerte den Fokus von der Ebene der Wirtschaftlichkeit und Zweckmäßigkeit auf den der Ästhetik: Die architektonische Qualität des Gebäudes würde seine Erhaltung rechtfertigen. Laut Bode bestand das von Nestler erreichte Ziel darin, einen optischen Kontrapunkt zu der massiven und pompösen Fassade des NS-Baus zu setzen und dadurch eine Verbindung zwischen dem Grün des Parks und dem steinernen Volumen des Museums zu schaffen [Seite 67 oben].[76] Durch die filigrane Struktur des Stahlgerüsts, die an ein Gewächshaus erinnerte

Haus der Kunst, München, Anbau, Fassade zum Englischen Garten, 1972

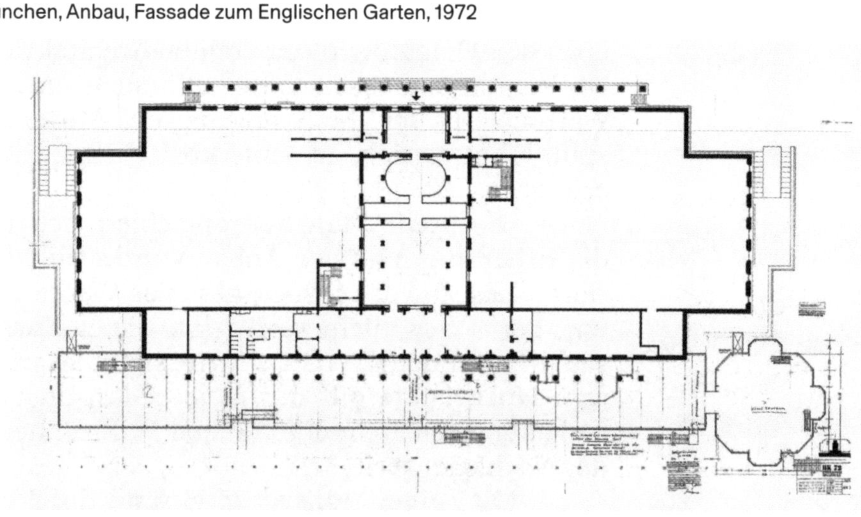

Haus der Kunst, München, Grundriss mit Anbau, 1972

Haus der Kunst, München, Anbau, Innenraum, 1972

und in Harmonie mit der Landschaft des Englischen Gartens stand, hatte sich Nestler mit leichter Hand mit dem schweren Erbe der jüngsten deutschen Vergangenheit auseinandergesetzt.[77] Im Lichte der intensiven Diskussionen über den Umgang mit einem der Architektursymbole des NS-Regimes, die seit 2016 anlässlich eines neuerlichen Wettbewerbs für die Sanierung des Museums entflammt sind, lohnt es sich, an seine kritisch-kreative Antwort zu erinnern.[78]

Die Stadt München entschied sich damals gegen die Erhaltung, und der Anbau wurde wie geplant demontiert. Dies war das Schicksal vieler Werke eines Architekten, der – vor allem zu Beginn seiner Karriere – hauptsächlich auf dem Gebiet der Ausstellungsarchitektur tätig war. Noch heute gilt der neue „Glaspalast" als eine der bedeutendsten architektonischen Maßnahmen im München der Nachkriegszeit.[79]

Mit seiner transparenten und durchlässigen Hülle war Nestlers Entwurf eine moderne Antwort auf das Thema der Ausstellungsgalerie, die mit Leichtigkeit und Offenheit agiert.[80] Auch in diesem Fall regte die Erinnerung an Italien, allerdings ohne irgendwelche direkten Verweise, die Fantasie des Planers an und brachte Leichtigkeit, Offenheit, Helligkeit und einen Rationalismus hervor, der eine gewisse Frische und Improvisation verbarg, die als Gegenpol zur übertriebenen Größe und Schwere der Architektur der nationalsozialistischen Epoche gedacht waren.[81]

Eine ähnliche antirhetorische und antimonumentale Orientierung findet man in zahlreichen von Nestlers Projekten, die sich durch ihren heiteren, spielerischen Charakter und die Suche nach überraschenden Raumeffekten auszeichnen. Die sorgfältige Auswahl der Materialien und die kunstvolle Farbgestaltung, die klaren, schlichten und linearen Lösungen, das Feingefühl bei der Raumorganisation und die innovativen Ausstellungslösungen im Einklang mit den jeweils ausgestellten Objekten machen Nestler zu einem wichtigen Protagonisten auf dem Gebiet der Pavillons, Ausstellungs- und Messebauten sowie Installationen.

Neben der Erweiterung von zweien der wichtigsten Museen Münchens widmete sich Nestler intensiv und mit einem experimentellen Ansatz der Ausstellungsarchitektur, für die er bedeutende Beiträge leistete, nicht nur, was Qualität und Originalität betrifft, sondern auch Quantität. Von der Mitte der Sechziger- bis in die Mitte der Achtzigerjahre entwarf und gestaltete er in Deutschland und im Ausland mehr als 15 Ausstellungsräume: etwa den deutschen Pavillon auf der 13. Triennale von Mailand 1964, für den er mit dem wichtigen Grand Prix ausgezeichnet wurde, oder 1968 die Gestaltung der Ausstellung „Ludwig II. und die Kunst“ in München, die vom Publikum wie von der Kritik gefeiert wurde. Hier sollen nur die gelungensten und originellsten Ausstellunggestaltungen erwähnt werden, jene, die dazu beigetragen haben, die Museumserfahrung zu erneuern, nicht nur durch die architektonischen Lösungen, sondern auch, was die künstlerische Konzeption und das Erleben der Kunstwerke betrifft.

Die ersten Arbeiten Nestlers als Ausstellungsarchitekt gehen auf die Mitte der Fünfzigerjahre zurück, als er die Pavillons der Bundesrepublik Deutschland für die Industriemessen in Zagreb (1954, 1955, 1957) und in Mailand (1956, 1957, 1958) entwarf. Der 1955 erbaute Informationsstand der deutschen Wirtschaft auf der Industriemesse in Zagreb wurde aus vorgefertigten Elementen gebaut und bestand aus zwei Teilen: einem Turm, der mit einer Struktur aus schwarz lackierten Mannesmann-Rohren und in den Nationalfarben Schwarz, Rot und Gold gestrichenen Masonitplatten verkleidet war, und einem Pavillon mit Innenhof, mit Wänden aus Glasbeton, einer Ziegelwand sowie einer Art Pergola auf Metallstützen. Als Materialien wurden außerdem Holz und Gummi für den Fußboden verwendet, als Farben herrschten Weiß, Grau, Schwarz, Blau, Orange und Senfgelb vor.[82] Nestler gelang es, durch eine Reihe von vertikalen und horizontalen Elementen

Informationsstand der deutschen Wirtschaft auf der Industriemesse Zagreb

Informationsstand der deutschen Wirtschaft auf der Industriemesse, Zagreb, 1954

Informationsstand der deutschen Wirtschaft auf der Industriemesse, Zagreb, 1954

Informationsstand der deutschen Wirtschaft auf der Industriemesse, Zagreb, Skizze, 1950

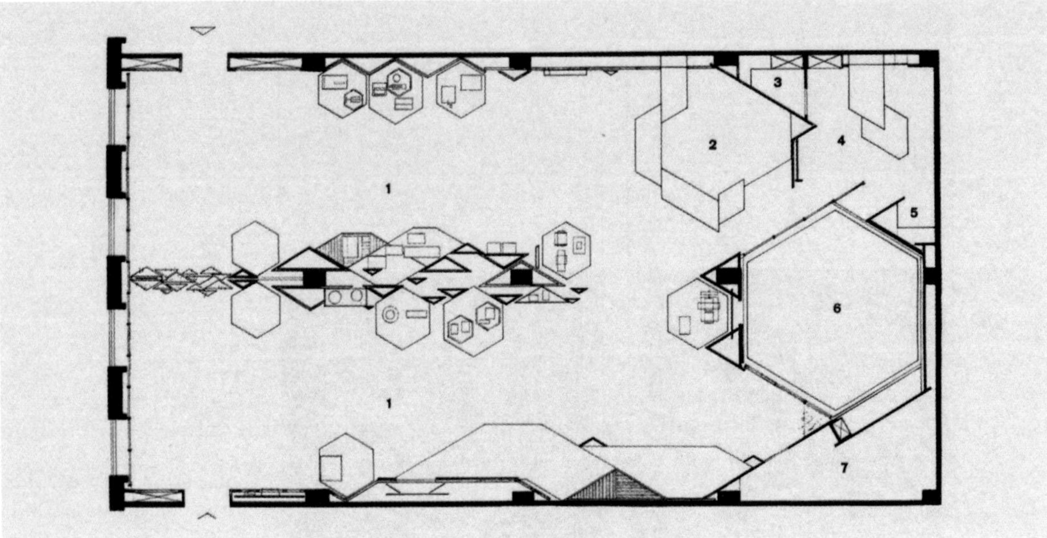

Informationspavillon der Bundesrepublik Deutschland auf der Mailänder Messe, Grundriss, 1957

den unregelmäßig geformten, eher ungünstigen Platz, der der deutschen Abteilung zugewiesen worden war, aufzuwerten [Seite 70, 71].

Informations-pavillon der Bundesrepublik Deutschland auf der Messe Mailand

Unter seinen ersten Projekten war auch der Informationspavillon der Bundesrepublik Deutschland auf der Mailänder Messe von 1957, der der Ausstellung alter und moderner Designprodukte gewidmet war.[83] Nestler nahm einige der Themen auf, die ihm besonders am Herzen lagen und von ihm in zahlreichen späteren Werken variiert wurden. Durch das Zusammenspiel der Geometrien wurde der gesamte Pavillon vom Fußboden bis zur Decke zum stimmigen architektonischen System und zum dynamischen und destabilisierenden Raum, in dem, abgesehen von den Außenwänden, keine rechten Winkel existierten [Seite 72]. Der Entwurf beruhte auf der Geometrie des Sechsecks, das in verschiedenen Maßstäben und unterschiedlichen Formen in allen Komponenten der Installation erschien: Sechseckig waren der Konferenzsaal und die Schaukästen für die Objekte (Radios, Schreibmaschinen und andere Gebrauchsgegenstände), aber auch die linearen Elemente an der Decke (lackierte Holzbretter), die auf den ersten Blick ein zufälliges Muster aus geraden Linien zu bilden schienen, jedoch ebenfalls dem Prinzip des Sechsecks treu blieben und Winkel von 30 Grad und 60 Grad formten. In diesem Pavillon wurde die bedeutende Rolle vorweggenommen, die der Decke in vielen Projekten Nestlers zukam: Er reicherte die Decke als kennzeichnendes Element mit geometrischen Formen und effektvollen Lichtelementen an, die zum wesentlichen Teil der Gesamtarchitektur wurden, ohne jedoch die ausgestellten Gegenstände zu dominieren [Seite 73].

In den Fünfziger- und Sechzigerjahren gestaltete Nestler eine Reihe von Ausstellungen im Haus der Kunst, darunter „Präkolumbianische Kunst“ (1958), „1000 Jahre chinesische Malerei“ (1959) und „Fünf Jahrhunderte europäische Graphik“ (1965). Bei der Ausstellung über präkolumbianische Kunst gelang es Nestler, dank einer ausgeklügelten Abfolge von Licht, Farbe und Dunkelheit auf ca. 1000 m^2 jedes der 1300 Exponate herauszustellen: Die Abwesenheit von natürlichem Licht durch die Verdunklung der großen Ausstellungsräume, die Wahl der Farbe Mitternachtsblau für die Wände und die sorgfältige Gestaltung der direkten (in den Schaukästen) und indirekten (auf dem Fußboden) künstlichen Beleuchtung tauchten die Ausstellungsfläche in eine magische Atmosphäre, in der die großen Schaukästen mit den Exponaten im Raum zu schweben schienen.

Informationspavillon der Bundesrepublik Deutschland auf der Mailänder Messe, 1957

Einem größeren Publikum wurde Nestler allerdings erst mit seinen Werken der Sechzigerjahre bekannt. Im Jahr 1964 erhielt er den Großen Preis der Mailänder Triennale. Dieser internationale Erfolg stellte einen Wendepunkt in seiner Karriere dar: Die Triennale war ein Kultur- und Medienereignis von außerordentlicher Reichweite, und Nestlers Projekt, das nicht nur den renommierten Kunstpreis erhielt, sondern auch großen Anklang beim Publikum fand, wurde in zahlreichen Zeitschriften in Italien und im Ausland veröffentlicht, besprochen und gewürdigt.[84]

Das übergeordnete Thema der Triennale di Milano war in jenem Jahr „Freizeit“,[85] und Deutschland wählte als

Deutsche Abteilung Triennale Mailand

Motiv das Theater, das im kulturellen und gesellschaftlichen Leben des Landes immer eine bedeutende Rolle gespielt hatte.[86] Nestler fand eine stimmige und ästhetisch gelungene Lösung, in der sich Elemente von Theaterarchitektur, Bühnenbild, Werbung, Kunsthandwerk und Design verbanden, und entfaltete in einem schwarz-weißen Raum, in dem die begrenzenden Elemente weiß und die tragenden Elemente schwarz gehalten waren, eine durchgehende Struktur aus T-Trägern mit dreieckigen Wandelementen, dynamischen Lichteffekten, rotierenden Strukturen und großformatigen Fotografien. Dem Projekt lag das Prinzip der Einheit von „Theater-Mensch-Gegenstände-Raum" zugrunde.[87] Im Inneren des Raums, dessen Atmosphäre den Besucher umfing und zum Teil des Schauspiels machte, verschmolzen die Welt der Ausstellungen und die Welt des Theaters [Seite 74].[88]

13. Triennale, Mailand, Deutsche Abteilung, 1964

Während sich die italienische Sektion kritisch mit dem Thema der Beziehung des Menschen zum Meer auseinandersetzte und die Besucher in einen Wirbel aus Gebrauchsgegenständen und Pop-Darstellungen eintreten ließ, zeichnete sich die deutsche Sektion durch die Klarheit und Sorgfalt der Durchführung sowie den Verzicht auf Geräusche, Projektionen und spektakuläre Effekte aus. Diese Schlichtheit hielt Nestler jedoch nicht davon ab, einen lebhaften Raum mit dynamischen Effekten zu schaffen, darunter eine Reihe von drehbaren dreieckigen Säulen, die als Kulissen dienten und stilisierte Fotografien von Theateraufführungen und Theatern zeigten oder verbargen.[89] Die deutsche Presse berichtete: „Der ganze lang-schmale deutsche Raum hat Würde ohne billiges Pathos, Eleganz ohne Schielen nach Snobismus, ernste Heiterkeit, nichts Mystisches, nichts von Mondscheinsonate und von deutscher Gefühlsseligkeit. Er ist nobel, doch fehlt jede sich spreizende Anmaßung, er ist stolz und bescheiden zugleich. Sein ‚Shock' ist die Stille, die bewegte Ruhe, eine vortreffliche Kontrastwirkung zu jenen Räumen, in denen die Teufel oder die Zauberei losgelassen scheinen, die wir jedoch diesmal auch gelten lassen wollen."[90]

In der von Nestler geschaffenen Einheit waren in drei Abteilungen – Kunstgewerbe, Industriedesign und moderne Architektur – eine Reihe von Gegenständen untergebracht, die von Handwerkern, Künstlern und Designern mit direktem Bezug auf das Theater und die darstellenden Künste geschaffen wurden: Musikinstrumente, Fotoapparate, Projektoren, Fernseher, Stereoanlagen, Bücher, Theaterdekorationen und Marionetten. Die ausgewogene und elegante Gestaltung der deutschen Sektion stellte also eine Ausnahme im Panorama der auf der Triennale vertretenen Nationen dar, wo akustische und visuelle Eindrücke die Besucher durch etwas begleiteten, das als „das große Spektakel von Mailand" bezeichnet wurde: eine grandiose Inszenierung ohne Gehalt.

Internationale Verkehrsausstellung (IVA) München

Die erste Internationale Verkehrsausstellung (IVA), die von der Deutschen Bundesbahn gesponsert wurde und 1965 in München stattfand, sollte die Besucher über Tendenzen und zukünftige Entwicklungen des Verkehrs informieren, vom Spielzeug bis zur Weltraumreise. Gleichzeitig hatte sie das Ziel, dem Publikum das Baumaterial Eternit und seine vielfältigen Verwendungsmöglichkeiten vorzustellen. Auf Bildern aus der Zeit sind verschiedene Pavillons zu sehen, die mit Platten aus Eternit verkleidet waren, einem Asbestzement, der zu jener Zeit sowohl wegen seiner ästhetischen Merkmale als auch wegen seiner Eigenschaften wie Wirtschaftlichkeit, Haltbarkeit und Flexibilität als Material der Zukunft galt, während man seine gesundheitsschädlichen Eigenschaften erst später entdeckte.

Dank des Erfolgs von Nestler auf der Triennale des Vorjahrs wurde ihm der Entwurf der Abteilung Schienenverkehr anvertraut, mit dem Eingangspavillon, den Pavillons des Jugendverkehrsgartens, dem Pavillon des Filmtheaters und der experimentellen Installation „VariaVision". Der Eingangspavillon sollte sowohl eine informative wie eine repräsentative Funktion haben und die Besucher in die Welt der Bahn einführen. Zu diesem Zweck schuf Nestler eine mächtige Überdachung aus Sichtbeton auf einem transparenten Glaskasten, die den Blick der Besucher mit einer geschwungenen Form einfing, in der die ausgebreiteten Flügel anklingen, die zum Logo der Deutschen Bahn gehörten [Seite 77, 78].[91] Der Verweis auf den Bahnhof Termini in Rom und das Dach seines Empfangsgebäudes war unübersehbar, eine Hommage an eines der bekanntesten und meistbewunderten italienischen Projekte der Nachkriegszeit. Der Jugendverkehrsgarten, der jungen Besuchern eine angemessene theoretische und praktische Verkehrserziehung geben sollte, bestand aus einer Reihe von zylindrischen Pavillons mit Schrägdach, die verschiedene Funktionen aufnahmen: Schule, Theater, Geschäfte und ein Miniatur-Postamt. Die klare Geometrie der Zylinder wurde nur in ihrer Größe, Dachneigung und die für die Verkleidung verwendete Farbpalette variiert, die entsprechend der Funktion des jeweiligen Pavillons gewählt wurde: Weiß, Schwarz, Rot, Gelb und Blau. Bei den Pavillons handelte es sich um temporäre Bauten, die aus einer mit Eternitplatten verkleideten Holzstruktur auf einer runden Basis aus Stahlbeton bestanden. Asbest wurde für die Verkleidungen, Abdeckungen, plastischen Elemente, Dachtraufen und Beleuchtungsrohre verwendet. Das Filmtheater war ein Fertigbau aus mit Synthetikfasern verkleideten Holztafeln.[92] Ein wesentlicher Bestandteil des von Nestler entwickelten Ausstellungskonzepts war das Experiment „VariaVision“, das auf einer neuen Vorstellung von Raumwahrnehmung durch die Projektion von Bildern beruhte, die Nestler in Zusammenarbeit mit Regisseuren, Komponisten, Autoren und Kinotechnikern entwickelt hatte. Sämtliche Besprechungen der Münchner Ausstellung stimmten darin überein, dass „VariaVision“ der interessanteste und innovativste Beitrag der gesamten Veranstaltung sei.[93] Es handle sich um eine Kombination von Architektur, Film, Sprache und Musik, die ein ganz anderes Reiseerlebnis erschaffen habe und aus neuen technischen und dramaturgischen Prozessen hervorgegangen sei, wie die Publikation „VariaVision. Ein Experiment für 100 Tage“ erklärte.[94] Dem Zuschauer wurde durch die fortlaufende Projektion auf Bildschirme unterschiedlicher Größe ein simultanes Zusammenspiel von Bildern, Bewegungen und akustischen Impressionen geboten, mit dem Ziel, die Statik traditioneller Projektionen zugunsten einer dynamischen und subjektiven Wahrnehmung zu überwinden. Auf 16 Projektoren und Bildschirmen mit drehbaren Lamellen liefen die Bilder in Endlosschleife und zeigten Alltagsszenen rund um die Bahn – Bahnhöfe, Abfahrten, Ankünfte, Abschiede, Landschaften – begleitet von Literaturzitaten und elektronischer Hintergrundmusik, die von Lautsprechern übertragen

Internationale Verkehrsausstellung (IVA), München, Eingangspavillon der Abteilung Schienenverkehr, 1965

wurde. Anders aber als im konventionellen Kino hielt der Zuschauer nicht still, sondern bewegte sich im Raum, wurde mit seiner Bewegung aktiver Teil des Schauspiels und der Architektur und eignete sich so das angebotene visuelle Material an. Nestler stellte fest: „Die heutige Ausstellungsarchitektur hat mit ihren besten Beispielen die Perfektion statischer Gestaltungsmittel erreicht. Dekorative Manieren können weitere Varianten hinzufügen, Erregung erzeugen sie nicht. Ausstellungsarchitektur ist Probierstube, ist Wagnis zum gestalterischen, konstruktiven Experiment."[95] Die Ausstellungsarchitektur als Versuchslabor für Projekte und eine Gelegenheit, unbekannte Gebiete zu erforschen, zog sich als Thema durch Nestlers gesamtes Werk.

Internationale Kunstausstellung „The Man and his World" Montreal

Im Jahr 1967 fand im kanadischen Montreal die internationale Kunstausstellung „The Man and his World" statt, deren Thema die Beziehung des Menschen zu seiner Umwelt war. Unter den im Nestler-Archiv aufbewahrten Materialien zeigen einige Fotografien eine Komposition, die auf dem Motiv des Dreiecks beruht: Es handelt sich um Nestlers Vorschlag für den Pavillon der Bundesrepublik Deutschland, der bei der Ausstellung der Wettbewerbsbeiträge 1965 vorgestellt worden war [Seite 79].[96] Der Gesamtkonzept für den deutschen Pavillon war Hans Schwippert anvertraut worden, während Frei Otto eine komplexe, zugbeanspruchte Konstruktion mit Stahlseilen und Polyestermembranen entwarf, die die Lösung für die einige Jahre später geschaffene Überdachung des Olympiastadions in München

Internationale Verkehrsausstellung (IVA), München, Eingangspavillon der Abteilung Schienenverkehr, Modell, 1965

vorwegnahm.[97] Aufgrund seiner formalen Eleganz und baulichen Kühnheit wurde Frei Ottos Pavillon als einer der besten Beiträge auf der kanadischen Expo bewertet, zusammen mit Buckminster Fullers Globus für den US-amerikanischen Pavillon.[98] Gemeinsam mit einem Team aus Architekten, Künstlern und Designern wurde Nestler mit der Innengestaltung des deutschen Pavillons betraut, der eine Fläche von 10.000 m² einnahm und offene Ausstellungsflächen auf mehreren Ebenen sowie ein Restaurant, ein Auditorium und eine Bibliothek beherbergte. Der gesamte Umfang von Nestlers Beitrag ist nicht bekannt,[99] jedoch können ihm mit Sicherheit die Komposition von sechseckigen Elementen für Videoprojektionen und eine Struktur mit hängenden Kuben zugeschrieben werden, die Bilder von historischen Gebäuden enthielten und am Haupteingang des Pavillons angebracht waren [Seite 80 oben]. Von Nestler stammte auch das

Internationale Kunstausstellung, Montreal, Deutscher Pavillon, Wettbewerbsmodell, 1967

Projekt für die von einem deutschen Unternehmen in Kunststoffguss hergestellten Sitze [Seite 80 unten]. Die Kritik der Zeitungen und Fachmagazine am Mangel an Geschlossenheit des deutschen Pavillons nahm Nestlers Kuben aus: „Enge gegenüber Leere, heterogenes Nebeneinander, Dominanz der Ausstellungsträger, schlechte Verbindung zwischen oberer und unterer Ebene. Das einzige Mal, dass man dies anscheinend wollte und auch bravourös erreichte, ist bei den Fotokuben im Raumtragwerk neben dem Haupteingang geschehen. Hier wird die Horizontalbarriere überspielt, doch nach dieser reizenden Ouvertüre empfängt einen oben fast nichts.“[100] Auch Nestler äußerte sich kritisch zur kanadischen Ausstellung, nicht nur wegen des Fehlens eines einheitlichen Konzepts und einer effizienten Koordination bei

Internationale Kunstausstellung, Montreal, Deutscher Pavillon, 1967

Internationale Kunstausstellung, Montreal, Deutscher Pavillon, Sitze, 1967

der Gestaltung des deutschen Pavillons. Er bezweifelte auch die Bedeutung von Weltausstellungen als System der Massenkommunikation und Instrument für die Selbstdarstellung der einzelnen Nationen, mit ihrer Suche nach Sensationseffekten und Oberflächlichkeit bei der Behandlung der vorgeschlagenen Themen. Dies geht aus einem 1967 veröffentlichten Artikel hervor, in dem Nestler seinen Standpunkt zur kanadischen Expo darlegte und eine Reihe von Fragen aufwarf, die von architektonischen, baulichen und symbolischen Aspekten der einzelnen Pavillons bis zum Sinn dieser gigantischen Mobilisierung von intellektuellen, wirtschaftlichen, organisatorischen und planerischen Ressourcen reichen. In Montreal fehlte, nach Ansicht Nestlers, ein echter Dialog zwischen den Nationen, das heißt, eine kollektive Anstrengung für ein gemeinsames Ziel, über die Slogans hinaus.[101]

Ausstellung „Ludwig II. und die Kunst" Festsaalbau der Residenz München

Die Ausstellung „Ludwig II. und die Kunst" (1968) gehörte zu den gelungensten kuratorischen Konzepten, die Nestler im Laufe seiner Karriere entwickelte. Es handelte sich um eine Ausstellung über den bayerischen König und sein Kunstwirken, die im Zuge eines neuen Interesses für den Historismus in Kunst und Architektur konzipiert worden war.[102] Mit 115.000 Besuchern und sehr positiven Kritiken war die Ausstellung, die in dem bis 1953 wiederaufgebauten Festsaalbau der Münchner Residenz stattfand, ein großer Erfolg: „Sie empfängt den Besucher auf halber Höhe der Kaisertreppe, schleust ihn in das durch die blau getönten Fenster fallende Licht, die romantische Nachtfarbe des Königs, führt mit sanftem Zwang durch ein ausgeklügeltes Labyrinth von versetzten Paravents und Spiegeln in Kabinette, lockt den Blick durch ovale und kreisrunde Öffnungen auf sinnvoll gruppierte Möbel, zeigt überraschende Perspektiven und verstellt sie wieder."[103]

Die Herausforderung für die Kuratoren lag in der Natur der Exponate: Keine reinen Kunstwerke, sondern Einrichtungsgegenstände, die als isolierte, ihres Kontexts beraubte Stücke zwangsläufig an Ausdruckskraft und Bedeutung verloren.[104] Nestler gelang es jedoch, durch die theatralische Inszenierung, Kulisseneffekte, labyrinthische Wege, überraschende Perspektiven sowie die suggestive Beleuchtung, Spiegelungen, Farbgebung und Projektionen eine faszinierende und surreale Atmosphäre zu schaffen und so die Wirkung zu steigern [Seiten 82-84]. Die Exponate waren nicht mehr isolierte Fragmente, sondern Teile eines Ganzen, das seine Kraft im „totalen Schauspiel" fand.[105] Diese Mischung aus Pop-Art und Romantik wurde als phänomenale Rauminszenierung empfunden und in der Presse mehrfach gelobt: „Nestler hat nicht etwa historisiert, vielmehr übersetzte er den theatralischen und poetischen Geist, mit dem der König seine Umgebung stilisierte, in eine phantasievolle und praktikable Raumführung. Sie ordnet die Fülle des Materials und reproduziert gleichzeitig mit Licht und Farben die Aura üppiger Künstlichkeit, in welcher der König lebte.“[106] Im Grunde interpretierte Nestler den Geist von Ludwigs Werken und gab ihn mit „historischer Einfühlung und modernem Schwung“ wieder.[107] Wie der damals zuständige Kurator und spätere oberste Denkmalpfleger Michael Petzet in seinem Rückblick auf die Ausstellung hervorhob, trug die Schau wesentlich zur Wertschätzung von Ludwigs Schlössern und des Historismus bei und war ein wichtiger Schritt in Richtung eines bewussten Schutzes dieses Erbes.

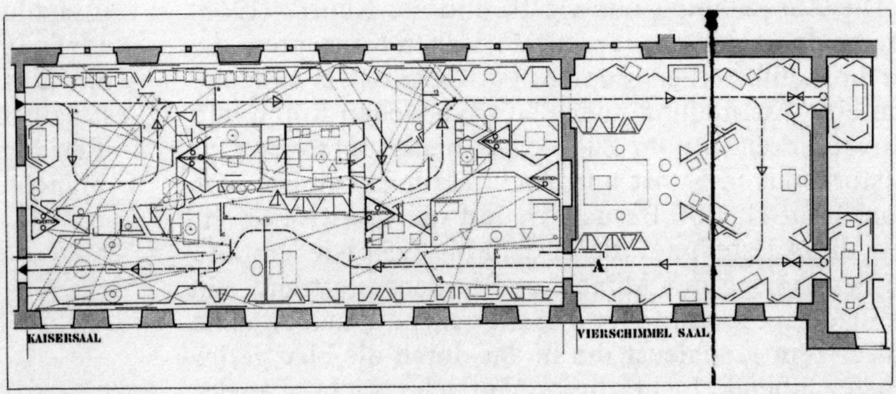

Ausstellung „Ludwig II. und die Kunst“, Residenz, München, Grundriss, 1968

Zum Abschluss der Darstellung von Nestlers Arbeiten für Museen und Ausstellungen von den Fünfziger- bis in die Achtzigerjahre soll noch auf die monografische Einzelausstellung „Paolo Nestler. Architektur 1950–1980“ hingewiesen werden, die 1980 im Kunstzentrum Nr. 66 in München-Neuperlach stattfand. Nach drei Jahrzehnten der intensiven professionellen Tätigkeit präsentierte Nestler dem Publikum die Resultate seiner Arbeit. „Ergebnisse“ ist der Titel des Katalogs zur Ausstellung, die vom Kunsthistoriker Siegfried Wichmann kuratiert wurde, dem ehemals Verantwortlichen für die Weltkulturenausstellung zur Olympiade 1972 im Haus der Kunst.[108] Eine Auswahl von Skizzen, Zeichnungen und Fotografien, die von Erinnerungen an die Reisen nach Italien bis zu jüngeren, noch im Werden begriffenen Projekten reichten, dokumentierten Nestlers Arbeiten. Der Katalog spiegelt die Vielfalt der Interessen, Studien und kompositorischen Erfahrungen

Ausstellung „Ludwig II. und die Kunst“, Residenz, München, 1968

Ausstellung „Ludwig II. und die Kunst“, Residenz, München, 1968

Ausstellung „Ludwig II. und die Kunst“, Residenz, München, 1968

eines Architekten, für den „das Haus, der Großraum, die Behandlung des Lichtes, der Textilentwurf, die Farbe einer Autokarosserie, der Tisch, die Lampe, die Decke, das Balkongeländer, der Kamin u. a. Abbilder der künstlerischen Mobilität [sind]“, wie in der Einleitung zu lesen ist.[109] Im Katalog erscheinen leuchtend farbige Zeichnungen neben zarten Aquarellen und Schwarz-Weiß-Zeichnungen, Details von Möbeln neben Wohnkomplexen und urbanen Gefügen, abstrakte Bilder, Farbentwürfe und Lichtkompositionen neben Fotografien von fertigen Gebäuden und unterstreichen den Reichtum an Themen, Beziehungen und Inspirationsquellen in Nestlers Bauten. Auf dem Einband ist das mit wenigen, klaren Linien scharf umrissene – fast gestochene – Bild einer italienischen Stadt zu sehen. Es erinnert mit seiner strengen perspektivischen Konstruktion an ein Skelett, ein Gerüst, ein auf seine Essenz reduziertes urbanes Gefüge und ruft die Vorstellung von einer „graphischen Architektur“ hervor, um ein Adjektiv zu verwenden, mit dem Gottfried Knapp Nestlers Werk beschreibt.[110] Aber Wichmann sah noch mehr in dieser und anderen Skizzen Nestlers von italienischen Städten, die in den Katalog aufgenommen wurden: „Architektur ist in diesem Werk nicht verharrende Masse, sie ist erfahrene Vergangenheit, die Erlebnisse der Jugend inbegriffen, die in die Gegenwart weisen.“[111]

Unterirdische Landschaften: U-Bahn-Stationen

In den Sechzigerjahren beschloss die Stadt München, die einen demografischen Boom erlebte und im April 1966 zum Austragungsort der Olympiade 1972 ausgewählt wurde, ein unterirdisches Transportsystem zu schaffen, und begann mit dem Bau der U-Bahn.[112] Der erste Abschnitt, die Linie U6, wurde 1971 eingeweiht und im Jahr darauf der zweite Abschnitt fertiggestellt, die sogenannte Olympialinie.[113] Diese Projekte sind der Kern eines neuen unterirdischen Massentransportsystems, das nicht nur das Stadtzentrum, sondern das ganze Stadtgebiet bedienen sollte.[114]

Die ersten Vorschläge für eine U-Bahn in München gingen auf den Anfang des 20. Jahrhunderts zurück: Im Jahr 1905 stellten die Königlich Bayerische Staatseisenbahnen ein Projekt für einen Eisenbahnring vor, der den Hauptbahnhof und die Bahnhöfe Karlsplatz, Haidhausen und Odeonsplatz einschließen sollte, sowie für eine Direktverbindung zwischen dem Hauptbahnhof und dem Ostbahnhof. Die Idee wurde jedoch wieder aufgegeben, weil das Verkehrsaufkommen der Zeit die Investition nicht rechtfertigte. Das von der Stadtverwaltung aus politischen, wirtschaftlichen und städtebaulichen Gründen vorangetriebene Projekt eines unterirdischen Transportsystems wurde auch in den Zwanzigerjahren weiter diskutiert und 1928 ein Generallinienplan erstellt, der fünf U-Bahn-Abschnitte vorsah. Jedoch begann die Reichsbahn erst während der nationalsozialistischen Herrschaft mit dem Bau der ersten U-Bahn-Strecke: 1938 wurden in der Lindwurmstraße die Arbeiten für eine von Norden nach Süden verlaufende S-Bahn aufgenommen, aber 1941 wegen des Kriegs eingestellt.[115]

Nach dem Krieg wurde das Projekt wieder aufgenommen, und nach einer Reihe von Vorschlägen, Projekten und Varianten beschloss der Stadtrat 1964 den Bau einer in Nord-Süd-Richtung verlaufenden U-Bahn-Strecke, die durch das Stadtzentrum und über den Marienplatz führen und innerhalb von zehn Jahren verwirklicht werden sollte. Der 1965 begonnene erste Bauabschnitt (Freimann – Goetheplatz) wurde vor der Frist fertiggestellt: Bereits 1968 fuhren die ersten Züge [Seite 87]. Die Wahl Münchens zum Austragungsort der Olympischen Spiele sorgte dafür, dass die Bauarbeiten an den ersten U-Bahn-Abschnitten zügig vorangingen, sodass die Strecken vorzeitig eröffnet werden konnten.

Nestler, der als „Pionier der Münchner U-Bahn“ bekannt ist,[116] hat das Aussehen des ersten Abschnitts der U-Bahn-Linie 6 geprägt, die noch heute eine der am stärksten frequentierten Linien in München ist. Er entwarf zwischen 1965, als er den Wettbewerb für die Gestaltung des Bahnhofs Schenkendorfstraße (heute Nordfriedhof) gewann, und den Neunzigerjahren, als er die U-Bahnhöfe Großhadern und Mangfallplatz realisierte, eine ganze Reihe von U-Bahnhöfen. Am Wettbewerb für die architektonische Gestaltung des Bahnhofs Schenkendorfstraße nahmen sieben Bewerber teil und Nestlers Projekt – das mit Abstand am besten bewertet wurde – erhielt eine Preissumme von 8000 D-Mark. Schon in dem beim Wettbewerb eingereichten Projekt legte Nestler die wesentlichen ästhetischen Prinzipien fest, die die unterirdische Landschaft Münchens noch heute kennzeichnen: Schlichtheit, Rationalität und Einheitlichkeit in der Vielfalt: „Jetzt hat München seinen eigenen U-Bahnhof-Look. Nach dem Entwurf von Akademie-Professor Dipl.-Ing. Paolo Nestler sollen außer dem Bahnhof an der Schenkendorfstraße alle projektierten U-Bahnhöfe nach dem gleichen architektonischen Grundprinzip gestaltet werden. Sie werden nach ihrer Fertigstellung nur in Form und Farbe variieren. [...] Die Lösung von Professor Nestler ist geradezu ideal, einerseits kann dieses Baukastensystem beliebig auf die anderen Bahnhöfe übertragen werden, andererseits verliert es dabei seinen Charakter nicht, so daß man auf den ersten Blick sieht: das ist ein Münchner U-Bahnhof."[117]

Fahrkarte für die 1. öffentliche Fahrt mit der Münchner U-Bahn am 19. Oktober 1968

Ziel des Wettbewerbs war es, den einzelnen Bahnhöfen architektonische Qualität und der gesamten Linie Wiedererkennbarkeit zu geben.[118] Gefragt war ein geschlossenes Konzept ohne Einheitlichkeit, die durch Variationen von Materialien und Farben vermieden werden sollte. Der Architekt, der eng mit den Ingenieuren zusammenarbeitete, hatte die Aufgabe, die Raumverteilung, die Wandverkleidung und den Fußbodenbelag auszuwählen und die Architektur der Bahnhöfe (Decken, Wegstrecken, Beleuchtung) zu definieren.

U-Bahnhöfe
Linie 6
München

→ Seite 92

Nestlers Projekt sah ein modulares System vor, in dem die einzelnen Elemente als Variationen in anderen U-Bahn-Stationen aufgenommen werden konnten: abgehängte Decken mit Aluminiumlamellen in veränderlicher Höhe und runde oder quadratische Träger, die mit emaillierten Keramikfliesen unterschiedlicher Farben verkleidet wurden. Seine Idee, die Stationen durch Farbe und Formen zu unterscheiden, überzeugte die Kommission und charakterisiert die Linie U6 noch heute. Wie den im Münchner Stadtarchiv aufbewahrten Materialien zu entnehmen ist, wurde Nestler während des Baus des ersten U-Bahnhofs mit der künstlerischen Oberbauleitung der nächsten Bahnhöfe betraut. Ihm sind die Gestaltung der Bahnhöfe Nordfriedhof, Dietlindenstraße, Münchner Freiheit, Giselastraße, Universität, Odeonsplatz, Sendlinger Tor, Goetheplatz, Implerstraße, Harras, Klinikum Großhadern der Linie U6 zu verdanken, während mit dem Entwurf des Bahnhofs Marienplatz, der ebenfalls auf dieser Linie liegt und als einziger aus dem Gestaltungskonzept ausschert, Alexander von Branca beauftragt wurde.

Obgleich einige U-Bahnhöfe vor Kurzem umgebaut wurden, darunter Münchner Freiheit und Sendlinger Tor [Seite 89, 96], hat die Linie U6 im Wesentlichen ihr von Nestler geprägtes Aussehen bewahrt. Im Gegensatz zu den späteren Bahnhöfen aus den Achtziger- und Neunzigerjahren, in denen kurvige Linien vorherrschen und komplexe Beleuchtungssysteme, Farbkontraste und Dekorationselemente (Skulpturen, Intarsien, Glasuren, Mosaiken, Fotografien) anzutreffen sind, zeichnen sich die ersten U-Bahn-Stationen durch gerade Linien und eckige Formen, einfaches und funktionelles Design und ihre schlichte Gestaltung aus, die heute als „unattraktiv“ empfunden wird,[119] insbesondere im Vergleich zu den bunteren und lebhafteren U-Bahn-Stationen wie zum Beispiel am Marienplatz. Der vorherrschende Farbton ist Grau, den die leuchtenden Farben der Pfeiler auflockern. Verwendet wurden sowohl natürliche Materialien wie Kunststoffe, die vor allem wegen ihrer Langlebigkeit und Widerstandsfähigkeit ausgewählt wurden: Kunststein und Granit für die Böden und die Zugangstreppen, Faserzementplatten für die Wandverkleidung an den Bahnsteigen, Naturstein (Nagelfluh) für die Wandverkleidung an den Gängen, weiß lackierte Aluminiumlamellen für die Decken. Zu den Bahnhöfen dieses Gestaltungskonzepts gehören Münchner Freiheit, Universität und Odeonsplatz [Seite 94/95, 97], die 1971 eingeweiht wurden. Wie haben die U-Bahnhöfe des sogenannten „Bautypus Paolo Nestler“[120] die Zeit überstanden? Nach Christoph Hackelsberger „[war]

das ursprüngliche Architekturkonzept keineswegs schlecht, sondern eher ausgewogen und sachlich [...]. Sichtlich hat sich aber solche Zurückhaltung, lineare Exaktheit und farbliche Neutralität, insgesamt disziplinierte Kühle [...] als überempfindlich und durch jegliche Zutat und Veränderung leicht störbar erwiesen. Diese Bauhaus-geprägte Ästhetik verträgt nicht nur, das wird deutlich, keine Zutaten, sie mag auch das Altern nicht."[121]

Münchner U-Bahn, Linie 6, Station Sendlinger Tor, 1970er-Jahre

Die 1993 fertiggestellte U-Bahn-Station Klinikum Großhadern ist Endstation der U6 und gilt als eine der gelungensten: „Sowohl unter der Erde als auch oberhalb gehört diese westliche Endstation der U6 zu den ganz besonderen architektonischen Ereignissen der Münchner U-Bahn."[122] Die dunkelbraunen Keramikfliesen, mit denen die Pfeiler verkleidet sind, verweisen auf die der 25 Jahre zuvor verwirklichten Stationen im Zentrum, jedoch ist die Gesamtgestaltung deutlich moderner und dynamischer. Der Bahnsteig ist mit rötlichem Granit gepflastert, während die mit Aluminiumlamellen unterschiedlicher Farben (Blau, Grün und Gelb) gestaltete Decke eine geschwungene Form hat. Die Wände am Bahnsteig sind mit emaillierten Platten verkleidet, auf denen die Hügellandschaft des Voralpenlands dargestellt ist, ein Werk des Künstlers Eckard Hauser. Die Besonderheit dieses Bahnhofs sind die beiden Glaspyramiden über den Eingängen: Ursprünglich sollten sie doppelt so groß sein und der Pyramide im Innenhof des Louvre ähneln, aber aus ökonomischen Gründen wurde ihre Höhe auf 9 m begrenzt [Seite 99, 100/101].[123]

U-Bahnhof
Mangfallplatz
Linie 1
München

→ Seite 102

Der letzte von Nestler in Zusammenarbeit mit dem U-Bahn-Referat entworfene U-Bahnhof ist der am Mangfallplatz. Er ist der einzige, der nicht zur Linie U6 gehört, und wurde 1997 eingeweiht. Dieser U-Bahnhof ohne vertikale Träger zeichnet sich durch geneigte Wände aus, die sich nach oben hin verjüngen, um die während der Bauarbeiten oberirdisch beanspruchte Fläche zu reduzieren, während die unbehandelten Betonflächen – wie bei anderen Stationen der Linie U1 (Gern und Westfriedhof) – den Wänden ein raues, felsiges, fast surreales Aussehen verleihen, das etwas von einem Bühnenbild hat.[124] Zur Beleuchtung dienen Neonlichter auf roten Halterungen, die die einzigen farbigen Elemente der Station sind. Ein leicht konvexer Aluminiumschirm spiegelt das Licht der Neonröhren und verteilt es über den gesamten Bahnsteig [Seite 103, 104/105].

Stachus-
Einkaufszentrum
München

Zu den „unterirdischen“ Projekten Nestlers gehört auch das Stachus-Einkaufszentrum, ein fünfstöckiges Gebäude mit Passagen und Läden unter dem wichtigsten Verkehrsknotenpunkt des Münchner Stadtzentrums, dem Karlsplatz, das 1965 entworfen und 1970 eingeweiht wurde. Zu seiner Entstehungszeit handelte es sich um das größte unterirdische Shoppingzentrum Europas.[125] Wegen seiner beachtlichen Größe galt dieser Komplex mit künstlichem Licht und künstlicher Belüftung damals als avantgardistisch und war das Sinnbild einer Stadt, die sich anschickte, zur Metropole zu werden.[126]

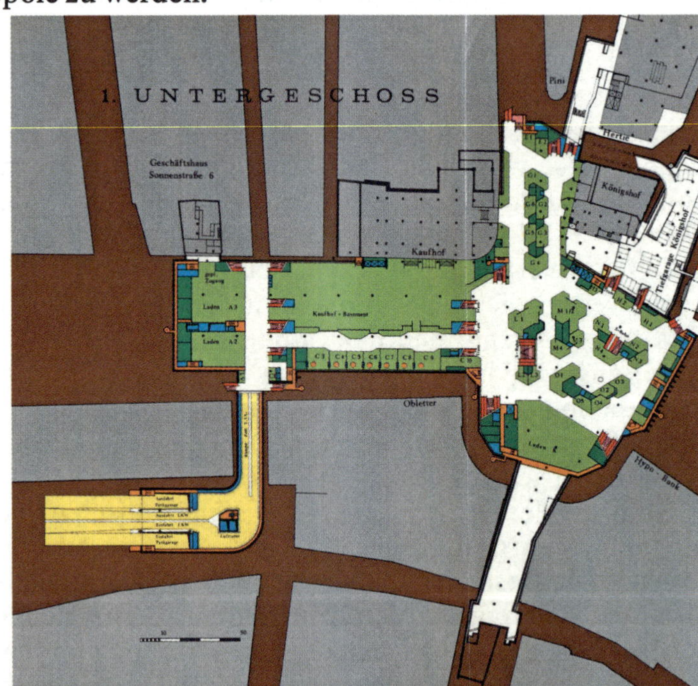

Stachus-Einkaufszentrum, München, Grundriss Untergeschoss, 1965–1970

In seiner Eigenschaft als Chefgestalter war Nestler für die architektonische Gestaltung der Ladenstadt verantwortlich.[127] In dem 1970 anlässlich der Einweihung des unterirdischen Einkaufszentrums erschienenen Buch erklärte Nestler die wichtigsten Gestaltungsprobleme der Arbeit an einem unterirdischen Großraum mit übergroßen Längen der Hauptwege im Verhältnis zur geringen Höhe der Decken (3 m): „Raum und Bewegung, optische Kommunikation, schnelle Orientierung, Maßstab und Sicherheit [...] eine neue Ästhetik der niedrigen langen Wege, der niedrigen Räume um Schaufenster, Rolltreppen, Aufgänge und Abgänge" sowie die „notwendige Beachtung ungewohnter, manchmal überraschender Zusammenspiele von Transparenz, Farbe und Licht".[128]

Unter kompositorischen Gesichtspunkten wählte Nestler als Gliederungsprinzip ein sechseckiges Netz, das er von der Kreuzung Bayerstraße/Prielmayerstraße ableitet. Die Geometrie des Sechsecks als Grundfigur bestimmte die Wegeführung, den Verlauf der Schaufenster und die Detailausformungen von Decken und Lichtbändern [Seite 90]. Nach Nestler erlaubte die Anwendung dieses Kompositionsprinzips das Setzen von fließenden formalen Grenzen, die entscheidend waren für die Überschaubarkeit und Durchlässigkeit der Verkehrswege.

Aufgrund des schlechten Erhaltungszustands des Komplexes sprach sich der Bezirksausschuss im Jahr 2000 für eine Gesamtsanierung und radikale Änderung aus, die 2011 durch das Münchner Architekturbüro Allmann Sattler Wappner abgeschlossen wurde.

U-Bahnhöfe Dietlindenstraße, Universität,
Sendlinger Tor, Odeonsplatz, Klinikum Großhadern, Linie U6, München
Fotografie: Marta Tonelli, 2020

Dietlindenstraße

Notruf
Nothalt

Nothalt
Universität

U
SOS

Frauen
U
P+R
nur für Frauen

U-Bahnhof Mangfallplatz, Linie U1, München
Fotografie: Marta Tonelli, 2020

Mangfallplatz

Mangfallplatz

Herausfordernde Modernität: Dialektische Integration von Alt und Neu

Palais Lützow
Wien

Im Jahr 1978 gab die Anglo-Elementar-Versicherung bei Nestler ein technisches Gutachten über den Erhaltungszustand des Palais Lützow in Wien, in dem die Versicherungsgesellschaft seit 1937 ihren Sitz hatte, in Auftrag. Das Gebäude war in den Siebzigerjahren des 19. Jahrhunderts vom österreichischen Architekten Karl von Hasenauer im Stil der Neorenaissance erbaut worden.[129] Das Palais, dessen Stirnseite Ädikulafenster mit runden und dreieckigen Tympana, markante Geschossgesimse, ein mächtiger Unterbau mit Bossenwerk und ein von Säulen gerahmtes grandioses Portal charakterisieren, beherrscht mit der von den römischen Palazzi des Cinquecento inspirierten Monumentalität der Fassade die gesamte Bösendorferstraße.

Das Gutachten, das der Umgestaltung des Palais vorausging, setzte sich aus zwei Teilen zusammen: Der erste Teil umfasste die Bewertung des Zustands und der Funktionalität des Gebäudeinneren (Grundrisse, Wegeführung, Aufteilung); der zweite Teil enthielt Vorschläge für die Renovierung, zusammen mit einigen Ideen für den rationalen Umbau des Gebäudes zum Sitz der Generaldirektion der Anglo-Elementar-Versicherung. Nestler regte ein neues System der Raumaufteilung und die Verlegung des Haupteingangs sowie eine Reihe von technischen und funktionellen Eingriffen an, unter Bewahrung des Bestehenden. Es sollte in diesem Zusammenhang auch daran erinnert werden, dass 1935 an dem Gebäude, das zu jener Zeit Sitz des Italienischen Kulturinstituts war, durch Gio Ponti einige Änderungen vorgenommen worden waren.[130]

Auf das Gutachten folgte der eigentliche Auftrag, an dem die Architekten Paolo Nestler und Ernst Hiesmayr von 1979 an – dem Jahr, in dem die beiden Vorprojekte entstanden – bis 1983 arbeiteten, als die neue Generaldirektion der Versicherung eingeweiht wurde. Bei der Neugestaltung des Gebäudes stellten sich verschiedene Probleme, die baulicher, organisatorischer und ästhetischer Art waren und die Integration in den urbanen Kontext betrafen. Neben den Denkmalschutzauflagen musste das architektonische Umfeld des Gebäudes berücksichtigt werden, das heißt, die Wiener Innenstadt, der Ring und eine ganze Reihe von kunsthistorisch bedeutenden Bauwerken in der unmittelbaren Umgebung, darunter das Hotel Imperial und die Karlskirche von Fischer von Erlach.

Die Aufgabe der Architekten bestand zunächst darin, die Voraussetzungen und Prinzipien – auch solche wirtschaftlicher und unternehmerischer Natur – zu bestimmen, nach denen der Umbau und die Neubauten ausgeführt werden sollten. Ziel war es, den gesamten Komplex rational und zeitgemäß nutzbar zu machen. Unter kompositorischen und funktionellen Gesichtspunkten war maximale Flexibilität bei idealen Klima- und Beleuchtungsbedingungen gefragt. Zur Qualität des Gebäudeinneren sollte auch die angemessene Dimensionierung der Räume und die Optimierung der Kommunikationssysteme beitragen. Was das Äußere anging, war es unerlässlich, die vorhandenen architektonischen und dekorativen Elemente zu erhalten oder, wenn möglich, wiederherzustellen, da die gesamte Ringstraße als Ensemble dem Denkmalschutz unterliegt.

Nestler beschrieb die Maßnahmen und den Umfang der ausgeführten Arbeiten wie folgt: „Es ging darum, ein Denkmal zu renovieren, das Lützow-Palais, eine neue Dachkonstruktion mit einem neuen Geschoß auf einem Denkmal unmittelbar hinter einer hohen reparaturbedürftigen Attika zu erfinden. Es ging darum, alle Büro- und Wohnräume in neue, brauchbare, zusammenhängende Arbeitsräume zu verwandeln, alte Bauten und Innenhöfe auszuhöhlen zum Zwecke, dort Autos abzustellen. Ein Innenhof war zu überbauen und die gläserne Überdachung dieses Innenhofes zu konzipieren. Es ging um die Gestalt einer neuen Glas-Metall-Fassade und ihre Integration im formalen Gefüge eines historischen Innenhofes. Alle im Verlauf von Jahrzehnten hinzugewachsenen oder -gebastelten Verbauungen sollten entfernt werden. Es war geboten, für Hausfronten, deren Schmuck der neuen Sachlichkeit zum Opfer gefallen war, alte Dekorelemente wieder aufzufinden oder neue dazu zu erdenken. Alle Wegsysteme im Inneren waren zu verändern, und zwar für den Gebrauch einer neuen Raumorganisation. Alt und neu umgekehrt waren in Eingängen und Hallen zu integrieren, historische Räume zu möblieren, für das Gesamte waren neue Farbkonzepte für innen und außen zu entwickeln, ein neues Geschoß als Attikageschoß am Ring zu entwerfen, Lichtschächte in Fahrstühle zu verwandeln usw.“[131]

Die umfassendsten Veränderungen betrafen die Überdachung, die zusammen mit einem weiteren Geschoss für Büros über einer hohen, schon bestehenden Attika neu geschaffen wurde, den Innenhof, den zum Teil ein zweigeschossiger Bau aus Glas und Metall einnahm, der zu einer Art Pavillon oder Wintergarten umgebaut wurde [Seite 108], und die beiden Längsfassaden zum Innenhof, die nach eingehenden Überlegungen und zahlreichen Vorschlägen, Projekten und Variationen in Glasflächen umgewandelt

Palais Lützow, Wien, Schulungsraum, 1983

wurden, um eine formale Einheit mit dem darunterliegenden Glasbau herzustellen.

Sämtliche Fassaden zum Ring und zu den Innenhöfen wurden restauriert – in vereinfachter Form oder durch exakte Nachbildung der Simse und Dekore, wenn erhaltene Originalzeichnungen das erlaubten. An den prächtigen Schauseiten wurde in Zusammenarbeit mit den österreichischen Denkmalschutzbehörden und einer auf die Herstellung von Gebäudedekoration nach historischen Vorbildern spezialisierten Firma der ursprüngliche Schmuck wiederhergestellt, der im Laufe der Zeit beschädigt oder in den Fünfzigerjahren abgenommen worden war.

Die Farben für die Fassaden und die Innenräume wurden anhand einer Farbstudie ausgewählt. Grundsätzlich sollte je eine Farbfamilie für jeden der fünf von den Maßnahmen betroffenen Baukörper verwendet werden, sodass die Zugehörigkeit zu einem einzigen monumentalen Baukomplex sofort erkennbar wurde. Als Basisfarbe wurde ein heller, leuchtender Farbton gewählt, der das Licht reflektieren sollte. Für jeden Baukörper wurde eine Variante dieses Basisfarbtons verwendet, sodass der gesamte Komplex sein repräsentatives Erscheinungsbild bewahrte, ohne jedoch zu auffällig zu werden. Der Farbkontrast zu den nebenstehenden Gebäuden war beabsichtigt; für die neuen Bauteile aus Glas und Metall waren Weiß und Graugrün vorgesehen; im Gebäudeinneren sollten die verschiedenen Funktionsbereiche – Büros, Ruhe- und

Aufenthaltsräume, Kantine, Esszimmer – auch farblich unterschieden werden. Schließlich waren im Haupteingang am Ring, im Glasbau im Innenhof und im Stadtbüro – den Repräsentationsräumen der neuen Generaldirektion – für die Fußböden Granit und Teppichboden, helle Farben und Wandverkleidungen aus Eichenholz vorgesehen. Dank der neuen Glasfassaden gab es in allen Räumen Tageslicht und frische Luft, und die Prinzipien von Akustik, Ergonomie, Arbeitsmedizin und Farbpsychologie wurden programmatisch umgesetzt.

Auf der Suche nach einer dialektischen Synthese, die eine neue semantische Qualität hervorbringen konnte, integrierte Nestler aktuelle Formen, seriengefertigte Möbel und Designelemente in die historische Architektur mit ihren Bögen, Türen, Fenstern, Balustraden, Möbeln und Leuchten. Nestler fand die Gegenüberstellung und den Wechsel von historischen Dekorationselementen und moderner Designwelt interessant: „Letzten Endes ist es doch eine Frage von Qualität für beide."[132] Darüber hinaus hielt er es für möglich, das formale Repertoire historistischer Architektur in einem zeitgenössischen Projekt zu aktualisieren. Anstatt sie als Ausdruck einer antiquierten und dekadenten bürgerlichen Kultur abzutun, sollten ihre Elemente analysiert und deren historischer Wert berücksichtigt werden, um die Bedeutung als „Zeichen" zu verstehen und in neue formale Systeme einzufügen. Für Nestler war die Integration von Alt und Neu, unabhängig von der Dimension und Art des Eingriffs, die wahre Herausforderung der Moderne, denn alle historischen Städte stünden vor den gleichen Problemen: der Verwandlung und Aufwertung von Gebäuden aus der Vergangenheit, während die diesbezüglichen Perspektiven, Ansätze und Methoden in den letzten Jahrzehnten eine radikale Veränderung durchlaufen hatten. Nestler strebte in seinen Projekten nach einer dialektischen Synthese von Altem und Neuem und antwortete damit auf das Problem der Kontinuität kultureller Werte, mit einem antiideologischen und antidogmatischen Ansatz, der aus seiner Fähigkeit entsprang, zwischen unterschiedlichen und gegensätzlichen Instanzen zu vermitteln. Das ist noch weit entfernt von der rein ästhetischen Feier einzelner Motive der Erinnerung durch die Postmoderne.

Das Palais Lützow war nicht das einzige Projekt, bei dem Nestler es mit einem historischen Gebäude zu tun hatte. Dank seiner engen Beziehungen zur Kultur- und Wirtschaftswelt erhielt er eine Reihe von bedeutenden Aufträgen, wie die Neugestaltung der Innenräume der Villa Hammerschmidt in Bonn, von 1950 bis 1994 Sitz des Bundespräsidenten, und des Palais Lobkowicz in Prag, in dem die deutsche Botschaft untergebracht ist. Dazu kamen einige Fassadenarbeiten an historischen Gebäuden in Paris, München und Salzburg und ein Wohngebäude in Berlin. Ein außergewöhnliches historisches und kulturelles Umfeld erfordert einen Dialog mit der Geschichte: die Berücksichtigung der formalen Ordnung der Vergangenheit, die Analyse ihrer Bedeutung, die Aktualisierung ihrer Inhalte und ihre Integration in das zeitgenössische Projekt.

Villa Hammerschmidt Bonn

Im Jahr 1974 entschied Bundespräsident Walter Scheel, fünf Monate, nachdem er sein Amt angetreten hatte, der Villa Hammerschmidt, die in den Sechzigerjahren des 19. Jahrhunderts von August Dieckhoff im Stil der Neorenaissance erbaut worden war, ein neues Gesicht zu geben [Seite 111]. Der Auftrag, den Sitz des Bundespräsidenten zu renovieren, wurde ohne Ausschreibung an Paolo Nestler und Werner Wirsing vergeben, die den Räumen eine angemessene Repräsentativität ohne übertriebene Pracht verleihen sollten.[133]

Das Projekt betraf sowohl die Repräsentationsräume im Erdgeschoss als auch die Privaträume im ersten Stock, sah jedoch keine Eingriffe in die Baukörper vor, lediglich ein gläserner Korridor wurde hinzugefügt, der die Villa mit dem Palmenhaus verbindet. Nestler und Wirsing waren für den Umbau der Innenräume und den Entwurf der Einrichtung verantwortlich. Es entstanden durch Farbfotografien gut dokumentierte, repräsentative Räume ohne Pomp, die die vom Auftraggeber gewünschte Eleganz und schlichte Klasse aufweisen: Möbel und Decken aus dunklem Mahagoni harmonieren mit den warmen Braun- und Beigetönen der Teppichböden, während Skulpturen und abstrakte Gemälde neben Bildern aus dem 19. Jahrhundert erscheinen, moderne Leuchten erhellen die Ledersofas und -sessel [Seite 112 oben]. Im Büro des Präsidenten, der ehemaligen Galerie, nimmt ein von Nestler entworfenes Bücherregal die gesamte Breitseite ein [Seite 114, 115]. Das ausgewogene Gleichgewicht von klassischen und modernen Elementen beruht auf der Überzeugung, dass das Alte immer durch zeitgenössische Einrichtungsgegenstände [Seite 112 unten, 113] – wie die Deckenlampen im Büro des Präsidenten, die entschieden „modern und gewagt"[134] sind – harmonisiert werden sollte.

Villa Hammerschmidt, Bonn, Fassade, 2014

Villa Hammerschmidt, Bonn, Inneneinrichtung, 1975–1980

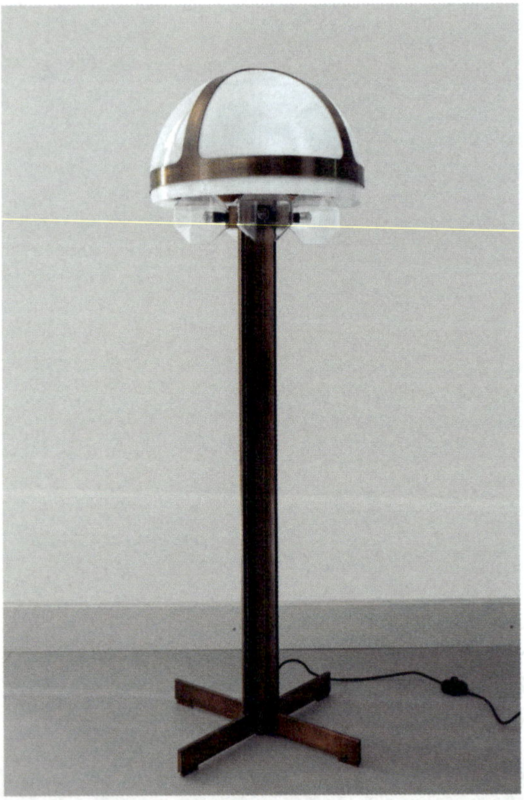

Paolo Nestler, Leuchte, 2020

Skizze, Leuchte, ohne Datum

Villa Hammerschmidt, Bonn, Bibliothek, Inneneinrichtung, 1975–1980

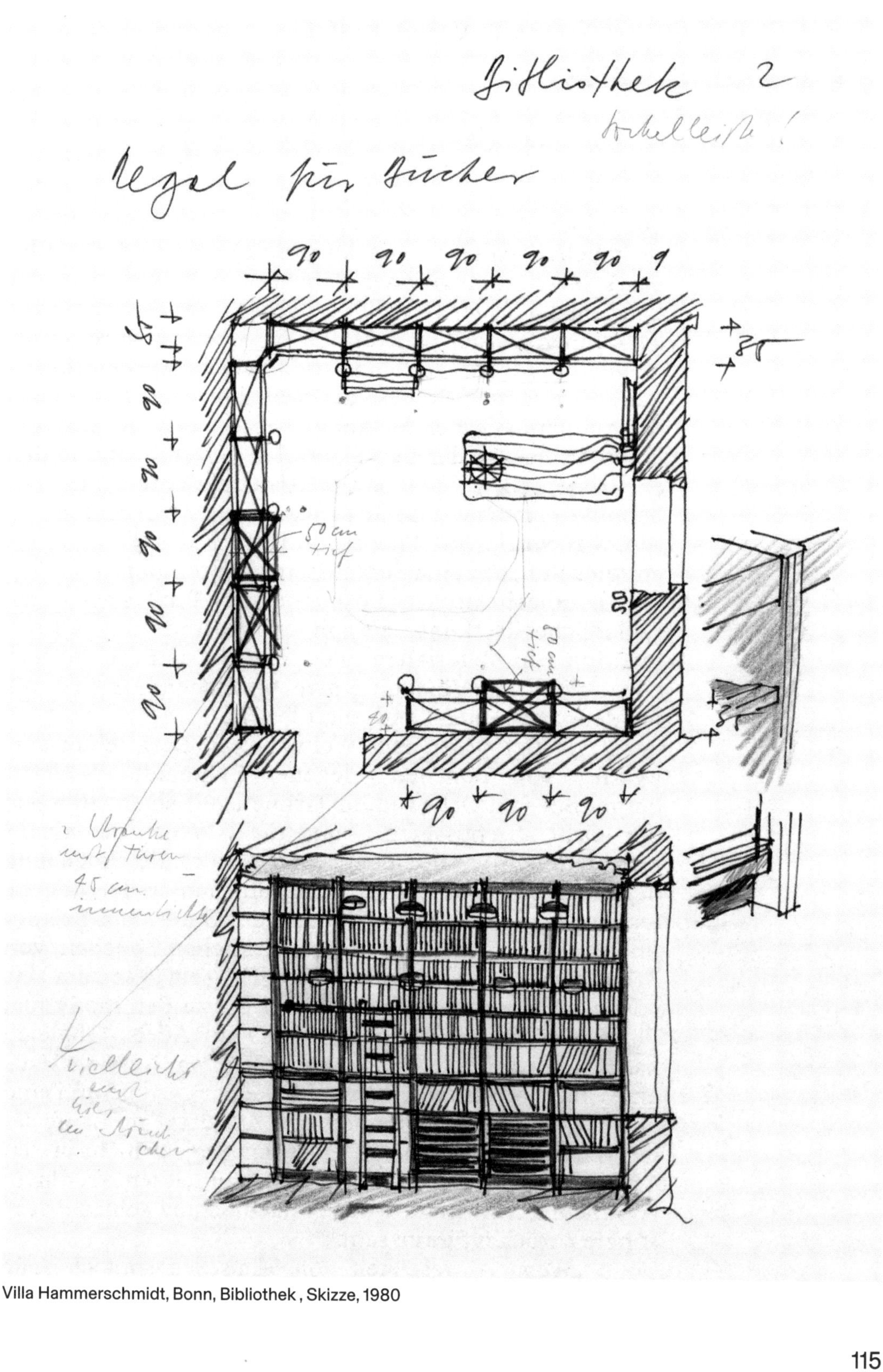

Villa Hammerschmidt, Bonn, Bibliothek , Skizze, 1980

Mediterraner Charme: Villen und Einfamilienhäuser

Wohnhaus in Berg am Starnberger See

Nestlers planerisches Schaffen gipfelte in dem für ihn selbst entworfenen Wohnhaus in der Nähe des Starnberger Sees. Das Haus, in dem er von 1979 bis zu seinem Tod mit seiner Frau lebte und das seine umfangreiche Bibliothek beherbergte, wurde kurz nach dem Tod des Ehepaars Nestlers abgerissen, obwohl es in die Liste der Baudenkmäler der Gemeinde Berg (Starnberger See) aufgenommen worden war.[135] Ende der Siebzigerjahre erbaut, gingen die Ideen, die sich in diesem Gebäude entfalteten, aus einem langen Prozess der Reflexion über das Thema des zeitgenössischen Wohnens hervor, der mit Nestlers ersten Projekten der Fünfzigerjahre einsetzte und in den experimentellen Visionen der Achtzigerjahre seinen Höhepunkt erreichte. Das Haus war eine Art Synthese dessen, was Nestler zur Theorie und Praxis des Wohnhauses entwickelt hatte, eine Summe von architektonischen Werten, kompositorischen Lösungen und Einflüssen unterschiedlicher Herkunft, zusammen mit einer klugen Kombination von Materialien und Details. Das Ergebnis war eine italienische Villa mit einem englischen Garten inmitten der bayerischen Landschaft.[136]

Nestler baute sein Wohnhaus in Berg, einer südwestlich von München gelegenen Gemeinde am Starnberger See, am Ortsrand, im Grünen, auf einem zum See hin leicht abschüssigen Grundstück. Wegen der einzigartig schönen Voralpenlandschaft gehört die Umgebung der großen Seen im Süden von München zu den begehrtesten Wohngebieten im Umland der Stadt. Am Seeufer finden sich Gebäude aus unterschiedlichen Epochen, von Schloss Berg, das im Barock errichtet seit 1923 zum Wittelsbacher Ausgleichsfond gehört, bis zu den modernen Villen des Münchner Bürgertums und Adels. Obgleich kaum sichtbar und von mäßiger Größe, war Nestlers Haus eines der interessantesten Bauwerke der Gegend und eine der wichtigsten Arbeiten, die der Architekt im Laufe seiner Karriere verwirklichte. Dass das Projekt nicht in den Architekturzeitschriften der Zeit behandelt wurde, dürfte vor allem auf Nestlers Wunsch nach Schutz seiner Privatsphäre zurückzuführen sein.[137]

„Wenn Anwesenheit von Menschen sinnlich spürbar ist, wenn in unseren Hausarchitekturen Leben, Wohnen, Erwachsenwerden sozusagen materialisiert sichtbar sind, wird es möglich sein, von diesen Refugien Verzweiflung und

Langeweile fernzuhalten."[138] Nestler betrachtete das Haus als Rückzugsort und Spiegel des Lebens seiner Bewohner. Die Vorstellung von einer menschlichen Architektur, im Sinne einer Identifikation mit dem Individuum und Ausdruck seiner Persönlichkeit, war eine der zentralen Ideen dieses und vieler weiterer seiner Projekte. Gemäß diesem Prinzip entwarf er ein Haus nach Menschenmaß, das einfach, elegant, lichterfüllt und komfortabel war, ein intimer Raum, der sich zur umliegenden Landschaft öffnete. Die Beziehung von innen und außen war keine von Trennung und Aussperrung, sondern von Wechselwirkung und Verräumlichung. Nestler nannte das Beispiel der Kartause von Parma, in der „die zweistöckigen Zellen einen Außenraum [haben], ein Innen – Außen, und eine wahrnehmbare, zwar begrenzte, aber sinnlich anwesende Du-Beziehung zum Raum außerhalb des freiwillig sich begrenzenden Ichs".[139] Das natürliche, veränderliche Licht, der Blick auf den See und der Kontakt zur Natur, der sich auch in der visuellen Beziehung zu den Obstbäumen im Garten entfaltet, machten dieses Haus zu einem magischen Ort, dessen mediterraner Charakter in einer an die Umgebung und die Bedürfnisse der Menschen eingebundenen Architektur zum Ausdruck kommt: „Ein Haus zum Wohnen soll Gutes ausdrücken und es soll das sein, was der Mensch, der in ihm lebt, ist. Das ist nichts Neues. Wir haben es nur zu oft vergessen. Und die Freude am Wohnen und bei sich zu sein, hat auch irgendwo eine poetische Bedeutung."[140] Diese Wohnphilosophie weist viele Gemeinsamkeiten mit den Thesen zum „italienischen Haus" von Gio Ponti auf, der immer wieder über den modernen Wohnraum als Ort nachdachte, der den Alltag der Menschen aufnimmt und auf einfache Art seine Anforderungen, Bedürfnisse und Wünsche interpretiert.[141] Das Bestreben, Architektur menschlicher zu machen und Kunst und Natur in das Leben derjenigen, die die Räume bewohnen und erleben, zu integrieren, wurde sensibel und meisterhaft umgesetzt.

In seinem Haus am Starnberger See gestaltete Nestler die Seeseite mit Glasfenstern, die vom Boden bis zur Decke reichen, die Außenwelt filtern und sie mit dem Gebäudeinneren interagieren lassen: „Die großen ausladenden Dächer geben Schutz, sie sind in der Landschaft zu Hause und sie, die Landschaft, fließt unter ihnen hindurch. Hohles Überdachtes, Helles und Grünes, überraschend wanderndes Licht erlebt man immer neu. Vom ersten Schritt an unter den Dächern, innen und außen, durch Räume und Höfe im Hin- und Hergehen. Innen und außen sind nur materiell durch gegliedertes Glas und Holz geteilt.

Es ist keine Trennung. Dächer verlängern das Innen nach außen und besonders, wenn es draußen dunkelt, durch Spiegelungen."[142]

Ebenso fließend war die Raumkonzeption im Inneren, wo es keine Trennung zwischen den Räumen gab, sodass diese visuell miteinander verbunden waren. Auf dem Grundriss sind allerdings drei Funktionseinheiten zu erkennen, in die das Haus gegliedert war: der Bereich mit Garage, Küche, Schlafzimmer und Bädern; der großzügige Wohn- und Essbereich mit zwei Fensterwänden, die auf einen kleinen Hof mit Garten (Südostseite) und auf die Terrasse mit Seeblick (Nordwestseite) hinausgingen; und schließlich der Arbeitsbereich mit einem großen Wohnraumatelier und zwei kleinen symmetrischen Arbeitsräumen. Die Farben und Materialien – Mahagoni für die Möbel und die Bauglieder, weiße Wände und Pfeiler, braune Teppichböden und weiße Holzlamellen an den Decken – schenkten dem Bau Frische und Eleganz;

Nestlers Wohnhaus in Berg am Starnberger See, Außenansicht, 1979

die vorherrschenden Farben waren Weiß und ein dunkler Holzton. Auf beiden Seiten unterstrichen schattige Loggien, die als Wirtschaftshof bzw. Aussichtsterrasse dienten, den organischen und mediterranen Charakter des Hauses [Seite 118, 119].

Das Thema der Durchdringung von innen und außen findet sich auch in einem anderen Projekt Nestlers für ein Wohnhaus in München-Harlaching wieder, das Haus Sport-Scheck: „Stein und Holz bestimmen den Charakter dieses Wintergartens, der vom Hausherrn in den Sommermonaten auch als Wohn- und Eßraum benutzt wird. Nur durch eine Glaswand vom Rasen getrennt, glaubt man mitten im Grünen zu sitzen. Auch hier ist der Garten zu

Nestlers Wohnhaus in Berg am Starnberger See, 1979

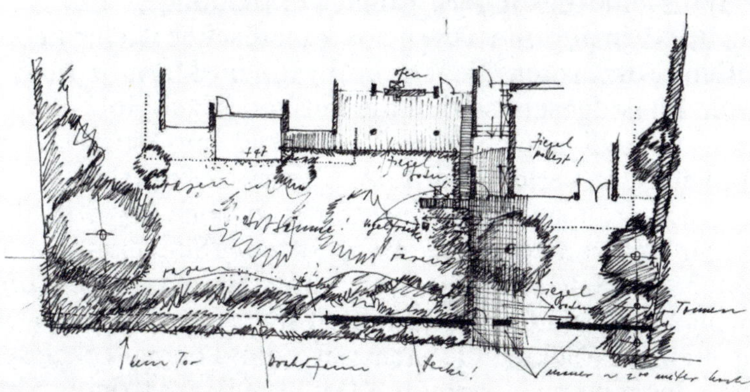

Skizze für Nestlers Wohnhaus in Berg am Starnberger See, Grundriss, 1978

Villa Tizianstraße München

→ Seite 124

einem wesentlichen Bestandteil des Lebens im Hause geworden."[143] Für Nestler ist die Wand kein Trennelement, sondern ein transparenter Filter, der die Landschaft in die Wohnräume eintreten lässt. Auch die Materialien sind wesentliche Bestandteile des Entwurfs: Marmor, Holz, Glas, Kupfer, Granit und Zementkonglomerat geben dem Ganzen einen hybriden Charakter aus innen und außen und unterstreichen seine Materialität.[144]

Ein weiteres Einfamilienhausprojekt ist die Villa Tizianstraße in München von 1963, die in Roberto Alois Buch „Ville d'oggi" publiziert wurde und heute noch existiert.[145] Dieses Haus mit zwei oberirdischen Geschossen steht in einem westlichen Münchner Wohngebiet in der Nähe des Nymphenburger Schlosses. Es zeichnet sich durch eine Tragkonstruktion aus Sichtziegeln aus, über der sich eine ausladende Überdachung aus Holz erhebt, die mit Kupfer verkleidet ist, eine originelle Interpretation der Mansarde [Seite 121 oben]. Diese Überdachung, mit schrägen Dachflächen und Flachdach, gibt dem Haus seine Besonderheit. Die Fenster der oberen Etage sind in die Dachflächen eingelassen, die die ganze Etage umfangen. Dort sind die Schlafräume untergebracht. Das obere Geschoss ist traditionell in Schlafräume und Badezimmer eingeteilt, während das Erdgeschoss um einen halb überdachten Patio mit zentralem Becken gruppiert ist, auf den die Wohnräume hinausgehen [Seite 121 unten]. Auch in diesem Fall ist die Kontinuität zwischen innen und außen durch einen offenen Grundriss und Räume gegeben, die ineinander übergehen und die Natur und das Grün des Gartens in das Haus einladen. Gemäß einem für Nestlers Formensprache typischen Prinzip treten die Trennwände aus Ziegeln aus dem Baukörper hervor und bewirken die Durchdringung von Innen- und Außenräumen, eines der zentralen Themen neoplastischer Architektur. Die Materialien und Farben spielen hier ebenfalls eine besondere Rolle: Verkleidungen aus Nussholz und Fenster und Türen aus kanadischer Kiefer neben weißem Putz, roten Ziegeln und grünem Marmor für die Bäder. Im Erdgeschoss sind die Fußböden aus Holz und im Patio aus hellblauer Keramik, während im Obergeschoss Teppichboden verlegt wurde [Seite 122, 125, 126, 129].

Unter den Wohnprojekten sind auch zwei in den Sechzigerjahren erbaute Berghütten (Scheckalm und Gästeheim Haßlach), die sich unter typologischen und morphologischen Gesichtspunkten stark unterscheiden, sowie einige Projekte, die sich mit dem Thema Terrassenhaus oder mit stark geneigten Dächern beschäftigen. Skizzen für ein Terrassenhaus von 1971 zeigen eine komplexe

Villa Tizianstraße, München, Außenansicht, 1961

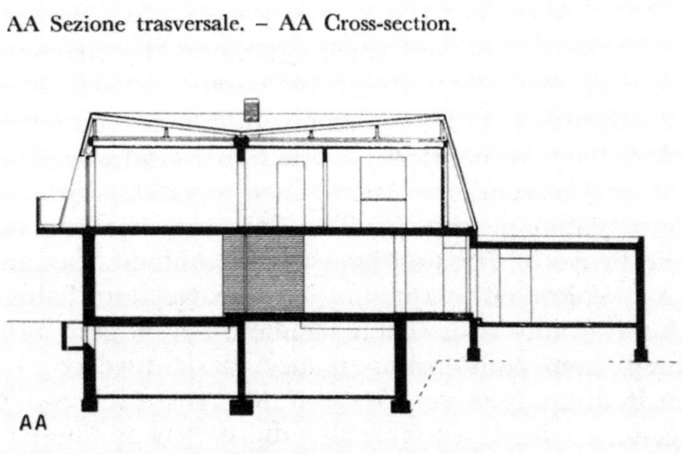

Villa Tizianstraße, München, Schnitt, 1961

Villa Tizianstraße, München, Inneneinrichtung, 1961

Formgebung, die sich an einem Pyramidenschema mit abfallenden Etagen orientiert. Aus dem Jahr 1973 stammen die Skizzen für ein Haus im Schwarzwald, das das Thema des Wohnhauses mit stark geneigten Dachflächen und Terrassen variiert. Im Jahr 1965 entstand das Projekt für ein Haus in Haßlach, das nur durch eine Fotografie des Modells dokumentiert ist: Auch hier sind zwei Seitenwände durch schräge Dachflächen ersetzt, die ein dreieckiges Volumen mit großen Fenstern hervorbringen. Diese Projekte verraten eine andere Annäherung an das Thema Wohnarchitektur und belegen Nestlers Fähigkeit, sich mit kompositorischen Themen, Typologien und unterschiedlichen Wohnlösungen auseinanderzusetzen, je nach den Bedingungen vor Ort und den Ansprüchen der Auftraggeber. Jedoch vereint alle diese Abwandlungen des Themas Wohnhaus eine Konstante: Nestlers Vorliebe für Organismen, die sich nach außen öffnen und zum Dialog mit der Umgebung und der Landschaft imstande sind. Gärten, Höfe, Veranden, Terrassen und große Glasflächen werden auf diese Weise wesentlicher Teil und charakteristisches Element des häuslichen Raums.[146]

Auch die Bedeutung der Einrichtung – die Funktions- und Ausdruckselement und Gelegenheit für kontinuierliches Experimentieren ist – wird in vielen seiner

Schriften hervorgehoben und findet in seiner Architektur Ausdruck. Nestler entwarf Möbel, Leuchten und Innenausstattungen für Häuser, Geschäfte und Büros, von Prototypen für Stühle bis zu Türklinken. Die Art und Weise, wie er die Beziehung zwischen dem architektonischen Raum und der Einrichtung konzipierte, entsprang einer Auffassung von Harmonie, die zutiefst in seiner Arbeit wurzelt, und wurde in einem Artikel von 1959 zum Thema Wohnen deutlich, in dem er feststellte: „Der Ausgangspunkt ist nicht mehr das Möbelstück, sondern das Haus oder die Wohnung als Ganzes, das Möbel ergibt sich aus dem Zusammenhang und bildet mit dem Ganzen eine Einheit. Die Dinge, die wir im Zusammenhang mit der Architektur eines Raumes in ihn hineinkomponieren, sind nicht nur in ihn hineingestellt, sondern werden zum innigen Bestandteil der Architektur des Raumes selbst. Die Wandverkleidungen, die Bücherregale, die eingebauten Teile, die Bänke, die Stühle, die Tische und auch das Licht, die Farben, die Vorhänge, die Bilder und die Teppiche. Das Idealbild ist eine große Harmonie aller dieser Teile: der wohltuend geschlossene Raum ohne großartige Inszenierung, der liebenswerte menschliche Raum mit den Dingen in greifbarer Nähe, geordnet und klar."[147]

Nestler entwarf keine Möbel, die für die Serienproduktion bestimmt waren, sondern Einzelstücke für bestimmte Räume, die handwerklich von spezialisierten Betrieben ausgeführt wurden. Es waren Luxusprodukte, die in diesem Sinne der tiefsten Wurzel des „Italian Style" entsprachen, nämlich „diesem Anachronismus, bei dem in einem industriellen Produkt [...] der Wert des Handwerksprodukts erhalten bleibt".[148]

Villa Tizianstraße, München
Fotografie: Marta Tonelli, 2020

Qualität ohne Nostalgie: Wohnmodelle und Geschosswohnungsbau

In der Nachkriegszeit standen sowohl in Deutschland als auch in Italien der gesamte Wohnungsbau und besonders der soziale Wohnungsbau im Zentrum des Interesses von Politikern und Architekten, die neue Lösungen erprobten, um weiten Teilen der Gesellschaft einen angemessenen Wohnstandard zu ermöglichen. Nestler, der eigentlich kleinere Projekte bevorzugte, verwirklichte jedoch auch einige Wohnkomplexe, in denen er sich mit dem Thema zeitgenössisches Wohnen auseinandersetzte: die Siedlung Buchenau in Fürstenfeldbruck und das Wohnquartier Bogenhausen in München. Es handelte sich um zwei unterschiedliche Antworten auf das Problem der Wohnqualität in (oder am Rand) der Stadt, die alternative Lösungen zu den anonymen Wohnsilos boten, die die Randgebiete der europäischen Städte seit der Zeit nach dem Ersten Weltkrieg prägten.

Siedlung Fürstenfeldbruck-Buchenau, München, 1960

Siedlung Fürstenfeldbruck-Buchenau München

Die Wohnsiedlung Fürstenfeldbruck-Buchenau ist ein Komplex, der sich aus fünf fünfstöckigen Einzelblöcken zusammensetzt, die so angeordnet sind, dass sie ein weitläufiges Ensemble mit viel Raum bilden [Seite 143, 144/145]. Für diese Siedlung war ursprünglich der Bau von drei unregelmäßig auf dem Grundstück verteilten Wohnblöcken geplant; Nestler sah dagegen einzelne, schlichte, wohlproportionierte Gebäude mit klaren Linien und Flachdächern vor, in denen großzügige Wohnungen mit Blick auf weite Höfe untergebracht sind [Seite 130].

Siedlung Fürstenfeldbruck-Buchenau, München, Lageplan und Grundriss, 1960

„Zusammenfassung der Baumassen in klare Kuben, Ablösung der Zeile durch die Baugruppe und Schaffung eines möglichst großmaßstäblichen Freiraumes waren die einzigen städtebaulichen Verbesserungen, die dem Architekten übrigblieben. Das Resultat ist eine befreiende Großzügigkeit, die auch in Fassade und Grundriß spürbar wird."[149] Was die Aufteilung der Wohneinheiten angeht, zeichnen sich die Ein-, Zwei- und Dreizimmerwohnungen durch großzügige Flächen, geräumige Balkone und hervorragende Licht- und Belüftungsverhältnisse aus [Seite 131]. Nestler orientierte sich nicht an zeitgenössischen deutschen Bauten, sondern blickte über die Alpen auf die Beispiele rationalistischer Architektur, die er ausführlich in seinem Buch „Neues Bauen in Italien" beschrieb.[150]

Angerblock München

Der Verweis auf die rationalistische Architektur Italiens trat in einem anderen Wohnbauprojekt noch deutlicher zutage, das in den Sechzigerjahren verwirklicht wurde, um eine große, leere Fläche im Zentrum von München zu bebauen: der Angerblock.[151] Das städtebauliche Konzept, der Entwurf und die künstlerische Leitung des gesamten Komplexes, einschließlich eines Gebäudes von 53.000 m^3, wurden Nestler anvertraut, der einen Block mit Wohnungen, Geschäften und Büros schuf, die sich auf sechs Stockwerken um einen großen Innenhof verteilten.

Angerblock, München, Innenraum, 1959–1960

Der Bau, mit einer tragenden Struktur aus Stahlbeton, setzte sich aus vier Gebäudeteilen zusammen, die verglaste Treppengebäude verbanden und 29 Wohnungen (25 kleinere Wohnungen und vier Dreizimmerwohnungen) enthielt. 7300 m^2 waren Bürofläche, während im Erdgeschoss (sowohl auf der Außen- wie der Innenseite)

Geschäfte untergebracht waren. An den Fassaden, die nach dem Vorbild der Casa del Fascio in Como – laut Nestler das Meisterwerk des italienischen Rationalismus[152] – gestaltet wurden – wechseln sich geschlossene und offene Flächen ab, entsprechend einer strengen Geometrie. Als Materialien wurden für die Verkleidungen der Fassade Marmor aus Kärnten und für die Fensterrahmen Eternit und Aluminium verwendet. Dieses stimmige Beispiel für einen harmonisch in die historische Bausubstanz eingefügten Neubau wurde inzwischen vollständig umgebaut [Seite 132].

15 Jahre später verwirklichte Nestler ein Projekt im Münchner Stadtviertel Bogenhausen, das als eines seiner gelungensten betrachtet werden kann, und für das er im Februar 1982 ein Preisgeld von 7000 D-Mark erhielt: Es handelte sich um einen Wohnkomplex mit 55 Wohnungen, die zwischen 90 und 240 m² groß und auf verschiedene Gebäude verteilt sind, die sich um zwei Höfe legen [Seite 133].

Nestlers Entwurf war unter mehr als 100 Teilnehmern des Wettbewerbs „Ziegeldach im Städte- und Wohnungsbau" ausgewählt worden. Die Jury der Arbeitsgemeinschaft Ziegeldach e. V. in Bonn prämierte ihn als gelungenes Beispiel für eine „ländliche" Wohnlösung in der Stadt. Die Anlage in ihrer Gesamtheit, die Durchlässigkeit von innen und außen, das Verhältnis von tragendem Mauerwerk aus Ziegelstein und ziegelgedeckten Schrägdächern, die guten klimatischen Bedingungen und die Konstruktionsdetails wurden besonders gewürdigt.[153] Der Charakter der Anlage erinnert an ländliche italienische Siedlungen, wie sie dem Architekten wohlbekannt waren.[154] Über diese

Siedlung Fürstenfeldbruck-Buchenau München

→ Seite 142

Wohnquartier Bogenhausen, München, 1981

Einflüsse hinaus stellte dieser Wohnkomplex eine Lösung für das immer noch aktuelle Problem der Stadtflucht zugunsten eines ruhigen Lebens auf dem Land oder am Stadtrand dar. Die wichtigsten Ziele waren eine geringe Wohndichte – jedes Gebäude sieht drei oder vier oberirdische Etagen vor – in Verbindung mit architektonischer Qualität.

Wohnquartier Bogenhausen München

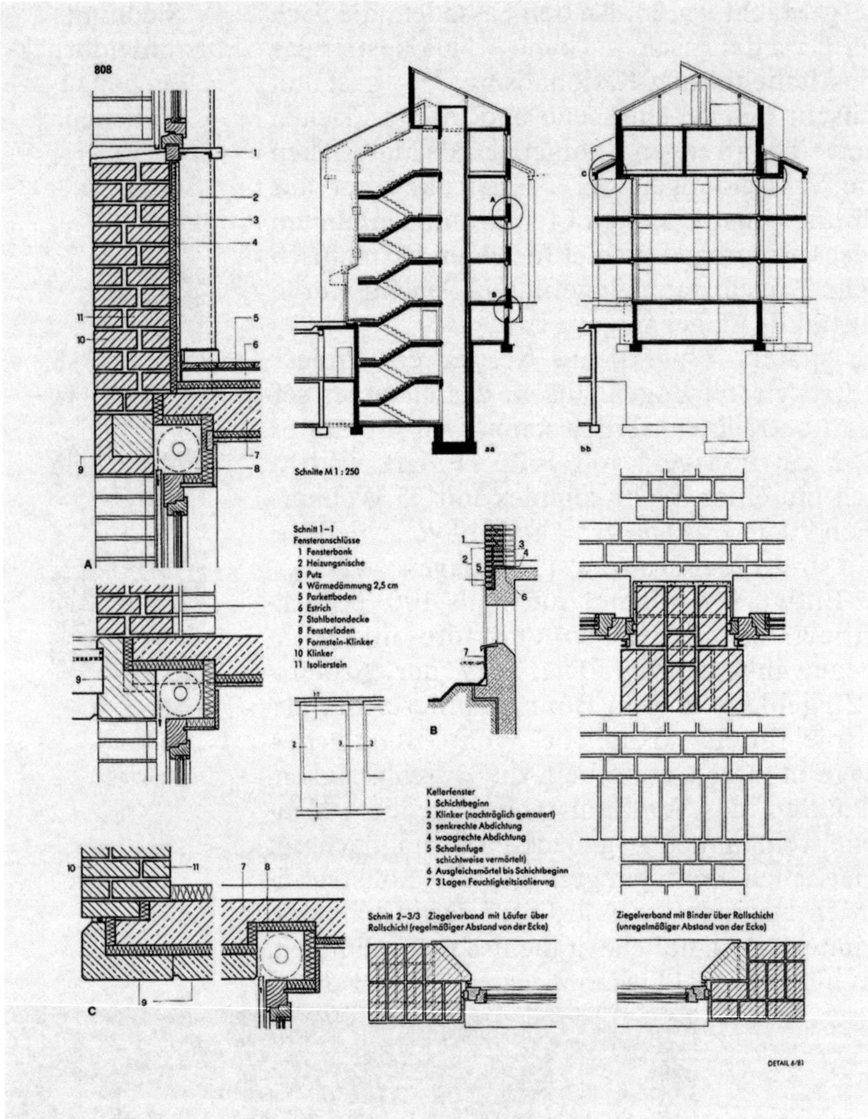

Wohnquartier Bogenhausen, München, 1981

Es gibt sieben Wohnungstypen, denen sieben unterschiedliche Lösungen für die Einfamilienhäuser mit Terrasse im obersten Stockwerk entsprechen. Die verschiedenen Raumlösungen der Wohnungen bezeugen die Absicht des Architekten, dem Ensemble Vielfältigkeit in der Einfachheit zu verleihen. Weitere Vorzüge dieses Wohnkomplexes, der sich in einem ausgezeichneten Erhaltungszustand befindet, waren seine Dynamik, die einer klugen Gliederung der Baukörper und Dächer zu verdanken war, die Vielfalt der Fassaden, an denen sich Öffnungen unterschiedlicher Formen mit überdachten, in den Baukörper integrierten Balkonen, Loggien und Terrassen abwechseln, die Liebe zum Detail sowie die Entscheidung für wenige, hochwertige Materialien wie Sichtziegel für die tragenden Mauern, Glas für die Brüstungen und Treppenhäuser, Metall für die Fensterrahmen und Einfassungen der Brüstungen [Seite 134].

Der Architekt beschrieb sein Projekt so: „Die neue Bebauung bemüht sich um eine neue Qualität für das Wohnen in der Stadt. Die Wohnungen sind zum größten Teil zu den Innenhöfen orientiert. Die Gruppe hat einen ländlichen Charakter, Erhöhungen der gärtnerischen Anlage (um die Spielplätze herum) [...] verstärken die Atmosphäre der Innenhöfe. Die Baukörper sind so gegliedert, daß über den Geschoßwohnungen acht kleine Einfamilienhäuser mit geschlossenen Terrassen entstehen. Die gegliederten Dachformen mit den eingeschnittenen, begrünten Dachterrassen bestimmen das Erscheinungsbild der Wohnanlage: eine stille Insel in einer Großstadtlandschaft."[155]

Eine „stille Insel" zu schaffen, war ein schwierig zu lösendes Problem, da die Parzelle von zwei stark befahrenen, lauten Verkehrsadern – eine davon der Mittlere Ring – umgeben ist, die die Ruhe der Bewohner beeinträchtigen. Hieraus ergab sich die Notwendigkeit, die Innenhöfe als Ruhezonen zu gestalten und die Wohnungen, vor allem die Wohnbereiche, auf diese Höfe auszurichten, um kleine nachbarschaftliche Einheiten zu schaffen, die es ermöglichten, die Innenhöfe zu bewohnen [Seiten 149–157].[156]

Die Idee von einer lebenswerten, menschlichen Wohnsiedlung begrenzten Umfangs in der Stadt, aber mit Bezug zur Natur, wurde in den Achtzigerjahren im Umfeld der IBA (Internationale Bauausstellung) 1984/1987 in Berlin mit verschiedenen erfolgreichen experimentellen Projekten institutionalisiert. Dass es sich um würdige Alternativen zu den Siedlungen handelte, die die deutsche Provinz der Nachkriegszeit charakterisierten, belegte die große Resonanz, die die Berliner Ausstellung fand. Bekannte Architekten nahmen an ihr teil und tauschten sich über die Themen

Wohnquartier Bogenhausen München

→ Seite 148

Erneuerung der Städte, kritischer Wiederaufbau und qualitative Verbesserung der bestehenden Städte im Allgemeinen, ob historisch oder nicht, aus.[157]

Nestlers Projekte zeichnen sich durch die Suche nach hohen Wohnstandards und den Wunsch aus, Abwechslung innerhalb eines einheitlichen Stadtraums zu schaffen; die Vielfalt, die Aldo Rossi als ein typisches Merkmal von Stadt beschrieb.[158] Der Blickwinkel war also nicht der des Existenzminimums und das Ziel nicht die serielle Wiederholung großer Wohnblocks, sondern eine Aufwertung des Stadtraums durch eine mittlere bis niedrige Wohndichte und hohe architektonische Qualität.[159] In diesem Sinne stimmte Nestlers Arbeit, die mit dem Projekt „Visiona 5" eine weitere Gelegenheit zur Vertiefung erhalten hatte, mit einigen Tendenzen überein, die in jenen Jahren in Europa – insbesondere in Italien, im Vereinigten Königreich und in den Niederlanden – aufkamen und dem menschlichen Maßstab in Low-Rise-Bauwerken den Vorzug gaben, mit einer begrenzten Anzahl von Stockwerken, aber raffinierter Gestaltung und architektonischer Sorgfalt.

Wohnmodell „Visiona 5" Frankfurt

Im Jahr 1980 stellte Nestler unter dem Motto „Unsere Städte müssen wieder die Sprache der Menschen sprechen" dem Publikum seine Stadthauskonzeption für die Zukunft vor. Die passende Gelegenheit bot die Internationale Fachmesse für Heim- und Haustextilien, die 1980 in Frankfurt/Main stattfand. Das von dem Chemiekonzern Bayer in Leverkusen finanzierte Wohnmodell Nestlers „Visiona 5" ist in eine Entwicklung einzuordnen, die 1969 mit dem futuristischen Wohnmodell Joe Colombos seinen Anfang nahm und versuchte, eine Antwort auf die Krise des modernen Wohnungsbaus zu geben.[160] Ausgangspunkt von Nestlers Entwurf war, sich dieser Krise bewusst zu werden. Die Gründe für den Verlust der Urbanität wären historischer Art und Nestlers Ansicht nach in der Umwälzung der Lebensstruktur der Stadt zu suchen, die sich mit der Industrialisierung in ein undifferenziertes Gemisch verwandelt habe, in dem kein Platz mehr für die Natur und soziale Beziehungen wäre und in dem immer mehr gearbeitet und immer weniger gelebt würde.

Laut Nestler könnten die Städte nur dann ihre menschliche und soziale Ordnung wiederfinden und ermöglichen, dass die Menschen in ihnen ihren Traum von Frieden und Harmonie verwirklichten, wenn Monotonie, fehlendes Maß und Profitstreben nicht mehr die vorherrschenden Elemente der Stadtplanung wären. Es sollte an die besondere Situation der deutschen Städte nach dem Zweiten Weltkrieg erinnert werden, in denen das dringende Bedürfnis nach

Wohnraum in wenigen Jahren durch Berge von Zement ohne jeglichen baukünstlerischen Anspruch gestillt worden war. Nestler stellte drei wesentliche Faktoren fest, die nötig wären, um den Städten einen neuen Wert zu verleihen, und von der Umgebung des Gebäudes bis zum individuellen Wohnuniversum reichten. Ziel von „Visiona 5“ war, für jeden dieser Punkte Vorschläge, Anregungen und Anreize zu geben.

Wohnmodell „Visiona 5“, Frankfurt, 1980

Der erste Punkt betraf die Begrünung als Kontrapunkt zwischen dem, was in der Natur wächst, und der Unveränderlichkeit des Gebauten: ein notwendiges Element für die lebendige Wahrnehmung von Wohnraum. Es sei wichtig, die Veränderungen, die ein Baum, ein Busch oder eine Blume im Laufe der Jahreszeiten durchlaufen, nicht nur im botanischen Garten, sondern auch im eigenen häuslichen Umfeld zu erleben. Deswegen zeigte „Visiona 5“ die Schaffung von Grünstrukturen auf den verschiedenen Stockwerken des Gebäudes [Seite 137]. Diese privaten Grünanlagen, eine Art hängende Gärten, waren der natürliche Lebensraum für Kinder und ältere Menschen und erlaubten unterschiedliche Gestaltungen innerhalb des Gebäudes, ohne die Lichtverhältnisse in den Wohnungen zu beeinträchtigen. Das Verbindungselement von innen und außen war durch Veranden und Wintergärten gegeben, die in den Sommermonaten geöffnet werden konnten.

Der zweite Aspekt betraf die Notwendigkeit, Aufteilung, Größe und Grundriss der Wohnung neu zu denken, um Kinder auf natürliche Weise in die Familie zu integrieren. Nestler entwickelte eine kindgerechte Wohnung, deren Vorbild die Bauernhäuser waren, die über einen doppelten Eingang (Haus und Hof) und einen großen Wohn-Ess-Küchenraum verfügen. In „Visiona 5" war folglich ein zentraler Raum vorgesehen, in dem die Eltern arbeiten und die Kinder spielen konnten. Eingerichtet wurde er mit seriellen Möbeln, die gleichzeitig „Gemeinsamkeit" und „Trennung" der Funktionen und den Kontakt zwischen Eltern und Kindern ermöglichten, bei Bedarf den Erwachsenen aber auch Ruhe und Rückzug boten. Diese Möbel mit unterschiedlichen Stufen der Trennung, je nach Bedarf, waren Nestlers Beitrag zu einer Integration des Kindes in die Wohnung.

Beim dritten wesentlichen Punkt des von Nestler entwickelten Konzepts ging es um das Recht jedes Einzelnen, die eigene Wohnatmosphäre mit frei, auch zufällig gewählten Möbeln und Gegenständen zu gestalten. Mit sieben verschiedenen Kompositionen, Modellen, die mit moderner und alter Einrichtung, seriellen Stücken, Alltagsgegenständen und Farben ausgestattet wurden, wollte Nestler zeigen, dass man auch ohne Hinzuziehung eines Designers den eigenen Wohnraum zusammenstellen und einrichten und die Gegenstände, mit denen man leben möchte, auswählen kann. Dem lag die Idee zugrunde, dass Räume Spiegel der Menschen sind, die in ihnen leben, und als solche subjektiv und frei vom Diktat des Innenarchitekten sein müssen.

Von „Visiona 5" sind einige Skizzen erhalten, die Ansichten von Innenräumen, Farbstudien und Einrichtungsideen mit Möbeln und Stoffen zeigen [Seiten 139–141]. Als diese Räume dem Publikum vorgestellt wurden, erleuchtete ein Blinklichtsystem jeweils einen der sieben Räume für wenige Sekunden, sodass sie eher als „Eindrücke" denn als wirkliche Räume wahrgenommen wurden und eher das Prinzip als die Einzelheiten erfasst werden konnte. Das Ziel war nicht die Imitation, sondern die Anregung, oder, um es mit Nestlers Worten zu sagen: „weniger sehen, mehr spüren".[161]

März **Visiona 5** 1980

Montag	Dienstag	Mittwoch	Donnerstag	Freitag	Samstag	Sonntag
					1	2
3	4	5	6	7	8	9
10	11	12	13	14	15	16
17	18	19	20	21	22	23
24	25	26	27	28	29	30
31						

Wohnmodell „Visiona 5", Frankfurt, Kalender, 1980

Oktober **Visiona 5** 1980

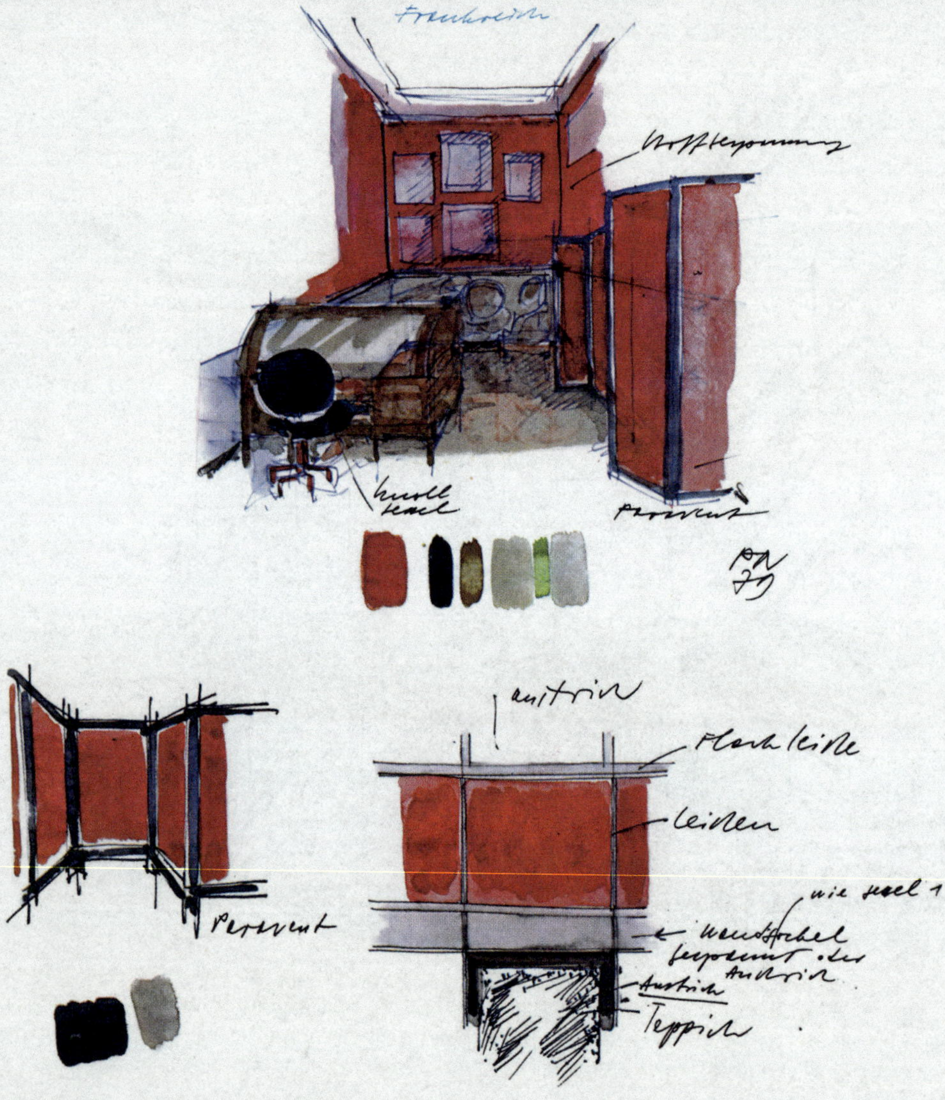

Montag	Dienstag	Mittwoch	Donnerstag	Freitag	Samstag	Sonntag
		1	2	3	4	5
6	7	8	9	10	11	12
13	14	15	16	17	18	19
20	21	22	23	24	25	26
27	28	29	30	31		

Wohnmodell „Visiona 5“, Frankfurt, Kalender, 1980

November # Visiona 5 1980

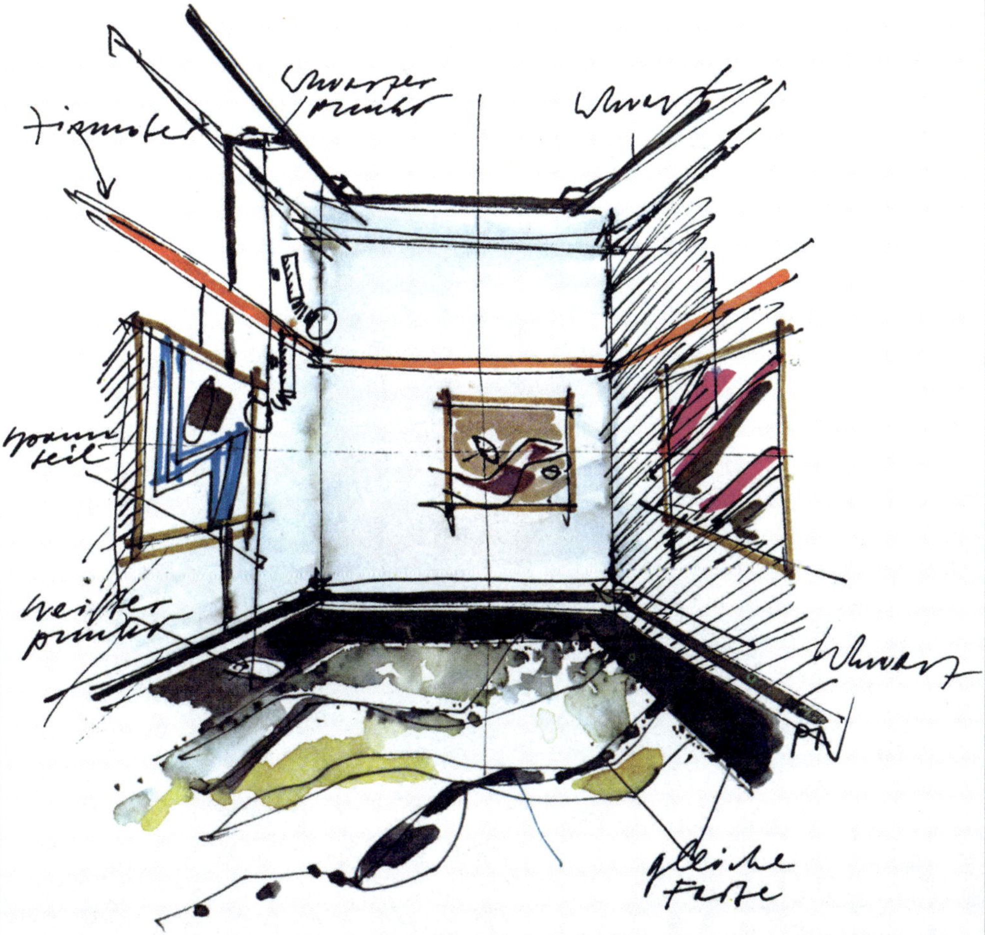

Montag	Dienstag	Mittwoch	Donnerstag	Freitag	Samstag	Sonntag
					1	2
3	4	5	6	7	8	9
10	11	12	13	14	15	16
17	18	19	20	21	22	23
24	25	26	27	28	29	30

Wohnmodell „Visiona 5“, Frankfurt, Kalender, 1980

Siedlung Fürstenfeldbruck-Buchenau, München
Fotografie: Marta Tonelli, 2020

Iscardistraße

INWEST

Wohnquartier Bogenhausen, München
Fotografie: Marta Tonelli, 2020

Kunst, Architektur und Design: Projekte für die Vereinten Nationen

Das international bekannteste Werk Nestlers ist ein innenarchitektonisches Projekt, das 1978 in Zusammenarbeit mit dem deutschen Künstler Günter Fruhtrunk in New York realisiert wurde: Das Foyer des Konferenzraums im UN-Hauptquartier, das in den Fünfzigerjahren in Manhattan nach dem Entwurf von Le Corbusier, Oscar Niemeyer und anderen unter der Leitung von Wallace Harrison gebaut worden war.[162] Der als Quiet Room bekannte Aufenthaltsraum mit den Maßen 10,6 × 11,4 m ist im Konferenzgebäude untergebracht[163] und seit der Überformung 2013 durch Meuser Architekten mit einer textilen Wandbespannung von Reuber Henning versehen.

Das Projekt von Nestler und Fruhtrunk war in eine Tradition einzuordnen, die auf die Erbauungszeit des New Yorker UN-Hauptquartiers zurückging, als die Mitgliedsstaaten beim Eintritt in die Vereinten Nationen Kunstwerke spendeten, um die einzelnen Räume einzurichten und das Innere des Gebäudes insgesamt zu verschönern: archäologische Fundstücke, Gemälde, moderne Skulpturen und Einrichtungsprojekte. Der Quiet Room war das „Geschenk“ der Bundesrepublik Deutschland an die UNO und ging aus einem 1970 ausgeschriebenen Wettbewerb hervor, an dem drei Gruppen von Architekten und Künstlern teilgenommen hatten.[164] Nach Vorgaben der Bundesbaudirektion sollte der Quiet Room für die Integration von Kunst und Innenarchitektur stehen. Auf einer Konferenz am 24. Januar 1979 in München sprachen Nestler und Fruhtrunk über ihre Zusammenarbeit und das Thema Integration von Kunst und Architektur, das Nestler immer besonders am Herzen lag.[165] Aber der Quiet Room war nicht ihre erste Gemeinschaftsarbeit. Nestler und Fruhtrunk, die beide an der Akademie lehrten, hatten schon den Wettbewerb „Kunst und Architektur“ für die Gestaltung des Entlüftungsturms der Tiefgarage unter dem Stachus in München gewonnen.[166]

Quiet Room
UN-Hauptquartier
New York

Die Frage nach der Integration von Kunst und Architektur in der Raumgestaltung wird immer wieder neu gestellt und unterschiedlich beantwortet. Aus der Zusammenarbeit von Nestler und Fruhtrunk war, laut dem damaligen UN-Generalsekretär Kurt Waldheim, ein „eindrucksvolles Beispiel für zeitgenössische Innendekoration und Kreativität“ hervorgegangen.[167] Im Quiet Room übersetzte Nestler eine zeichnerische Idee von Fruhtrunk ins

Räumliche, zusammen schufen sie eine künstlerisch gestaltete Innenausstattung, die sich auf die Tradition der Raumkunst in der klassischen Avantgarde bezog.[168] Verschiedene Holzvertäfelungen und Farben ergaben scharf gezeichnete diagonale Streifen, die an die Bilder Fruhtrunks erinnerten und diese in ein visuell-räumliches Kontinuum transformierten: ein bewegtes Raumbild aus wechselnden Rhythmen an Decke, Wänden und Boden [Seite 160 oben]. Im Gegensatz zu anderen „architektonischen" Arbeiten Fruhtrunks, wie die farbigen Wände in der Universität Bochum,[169] war die diagonale räumliche Aufteilung der Wände im Quiet Room als Relief gestaltet. Verwendet wurden glänzendes rötliches Mahagoniholz, mattes dunkles Ebenholz und helles Ahornholz. Weitere Einrichtungselemente waren der hell- und dunkelgraue Teppichboden, der die diagonalen Streifen der Wände aufnahm, und die Deckenlampen. Große Glasfenster gingen auf den East River hinaus. Zu den von Nestler entworfenen, in Deutschland gefertigten Möbeln gehörten Stühle, Tische, Sessel und Leuchten aus Mahagoni mit schlichtem Design und quadratischen Formen. Sie bildeten ein Gegengewicht zur Dynamik der Streifen. Die Möblierung war auf einer Höhe gehalten und bildete dadurch einen Ruhepunkt zu den Diagonalen. Sessel und Tische stellten orthogonale Bezüge zur Raumgeometrie her.

Diese Arbeit fand großen Anklang und wurde vielfach gewürdigt und ausgezeichnet:[170] „Kunst und Architektur sind Verwandte, die sich oft nicht viel zu sagen haben und zumeist beziehungslos nebeneinander stehen. Aber beim ‚Quiet Room' im Gebäude des Sicherheitsrates ist das Kunststück gelungen, daß eine malerische Idee (von Fruhtrunk) dynamisch in Raumqualität übersetzt wurde (Architektur und Design von Nestler). Der optischen Bewegung der hellen und dunklen Diagonalflächen aus edlen Hölzern wirken die strengen, aber transparenten Möbel beruhigend entgegen."[171]

In einem Vortragstext aus dem Jahr 1978 mit dem Titel „Ethische Begründung, gewünscht im Zusammenhang des Geschenks der Bundesregierung an die Vereinten Nationen New York" unterstrich Fruhtrunk die über den ästhetischen Wert hinausgehende ethische Grundlage und politische Bedeutung des Werks. Fruhtrunk charakterisierte bei diesem Anlass den Quiet Room mit Begriffen wie Wirkung und Stimmung, Energie und Melodie, Proportionen und rhythmische Qualitäten, Variationen und Vibrationen, Zäsuren und Intervalle, Kontraste und Übergänge, haptische und visuelle Wahrnehmung. Darüber

Quiet Room, UN-Hauptquartier, New York, 1978–1979

Quiet Room, UN-Hauptquartier, New York, Detail der Möbel, 1978–1979

hinaus befasste er sich mit dem Verhältnis von Kultur und Politik in einer demokratischen Gesellschaft und den ethischen Werten der globalen Organisation UNO.[172]

Im Zuge einer zwischen 2007 und 2014 durchgeführten Generalsanierung des Gebäudes wurde der Quiet Room verkleinert und vollständig neugestaltet. Die Paneele an den Wänden und der Decke wurden abgetragen, die Ausstattung entfernt. Die Neugestaltung übernahm das Berliner Büro Meuser Architekten, das das vorangehende Gesamtkunstwerk zugunsten eines einfachen und gewollt unspektakulären Raumeindrucks veränderte, wobei allenfalls die Wandteppiche an das Motiv der Diagonalen erinnern.

In dieser und anderen Arbeiten wird aber Nestlers Auseinandersetzung mit Innenarchitektur deutlich: Er beschäftigte sich mit großen Räumen in historischen Gebäuden, raffinierten Lösungen für kleine Wohnflächen und lebhaften geometrischen und farbigen Kompositionen für Büros und Geschäfte. Auch auf dem Gebiet des Designs, dem er sich seit Beginn seiner Karriere widmete, legte er große Vielseitigkeit an den Tag und entwarf Leuchten, Einbaueinrichtungen, Stoffe, Glasfenster und Türen bis hin zur Innenausstattung von Sportwagen.

Unabhängig vom Maßstab und der Art seiner Arbeit verlieh Nestler seinen Inneneinrichtungen Lebhaftigkeit, während er gleichzeitig die Kontrolle über den Raum und seine Geometrie behielt und großen Wert auf Details wie Beleuchtung, Farben, Möbel, Materialien und ihre Ausdruckskraft legte [Seite 160 unten]. Wie er auch in seinen Schriften feststellte und mit seinem Werk zeigte, sind alle Kunstformen (Malerei, Musik, Literatur, Kino, Theater) Teil des schöpferischen Akts und verleihen der Architektur ihre wahre Bedeutung: ein Gesamtkunstwerk, in dem der kritische Geist des Architekten den Bedürfnissen der Menschen und der Gesellschaft begegnet.

Gebäude der Food and Agriculture Organization Rom

Hier sollte auch an ein weiteres innenarchitektonisches Projekt erinnert werden, das Nestler für die Vereinten Nationen verwirklichte: die Neugestaltung des Konferenzraums im Gebäude der Food and Agriculture Organization in Rom 1979 [Seite 163].[173] Da keine wesentlichen Änderungen am vorhandenen Rohbau ausgeführt werden sollten, bestand der Umbau aus einer neuen Möblierung der Delegierten- und Besucherplätze, hufeisenförmigen Konferenztischen, Verkleidung der Wände mit schlichten eichenfurnierten Holzpaneelen und der Ausbildung der vorhandenen Decke mit Randfries und unterschiedlich hohen „Kappen“ aus schmalen Leichtmetallpaneelen, die beweglich an einer Metallunterkonstruktion hingen, sowie der Erweiterung der Dolmetscherkabinen. Die Metallstreifen der Deckenkappen waren in verschiedenen Farben einbrennlackiert: drei Modulationen der Farbe Gelbgrün und drei Modulationen der Farbe Ultramarinblau, mit einzelnen Brauntönen in manchen Bereichen. Unsichtbare Lampenreihen verstärkten die Licht-Farb-Wirkung in einem Raum, der weder über Fenster noch Tageslicht verfügte. Das Grundkonzept der Raumgestaltung bestand aus zwei visuell voneinander getrennten Erlebnisbereichen: zum einen die untere Zone für sitzende Konferenzteilnehmer, die bis zur Unterkante der Deckenelemente reichte, in der die „stillen" Farbtöne die Konzentration fördern sollten; zum anderen die obere Zone der Decke, die eine lichte, heitere Stimmung verbreiten sollte.

Gebäude der Food and Agriculture Organization, Rom, Konferenzsaal, 1979

Gebäude der Food and Agriculture Organization, Rom, Konferenzsaal, Detail der Decke, 1979

Großzügig und prägnant: Banken

In der letzten Phase seiner Laufbahn zwischen 1975 und 1991 erhielt Nestler Aufträge von drei wichtigen Banken in München, der Kreissparkasse, der Stadtsparkasse und der Bayerischen Hypotheken- und Wechselbank. Es handelte sich um Aufträge unterschiedlichen Umfangs, die von der Innengestaltung des Neubaus der Hypo-Bank bis zum Neubau der Kreissparkasse reichten. 1975 wurde er während der Bauzeit mit der Innengestaltung des neuen Unternehmenssitzes der Hypo-Bank am Arabellapark in München beauftragt. Mit 27 oberirdischen Stockwerken war er bis 2004 das höchste Bürogebäude Münchens. Geplant wurde dieses von Walther und Bea Betz in Zusammenarbeit mit Paolo Nestler, der für Innengestaltung, Farbgebung und Einrichtung verantwortlich war.[174] Nestlers Arbeit zeichneten, neben der sorgfältigen Auswahl der Materialien, der Behandlung der Flächen (Wände, Fußböden, Decken) und der Erstellung eines komplexen Farbkonzepts, die Lichtdecken und Lichtkompositionen aus, die in mehreren Räumen des Bauwerks angebracht wurden. Das Gestaltungskonzept Nestlers stand in Beziehung zu den drei Wahrnehmungsdimensionen des Gebäudes: der pragmatischen Dimension (funktionelle Komponente), der semantischen Dimension (inhaltlich-symbolische Komponente) und der syntaktischen Dimension (formale Komponente, die vorgegebene Architektur des Gebäudes), denen er die künstlerische Dimension hinzufügte, die eine zentrale Rolle spielte. Nestlers Ziel war die Integration von Kunst und Architektur, von visuellem Erscheinungsbild und Struktur sowie die interdisziplinäre Zusammenarbeit von Arbeitsmedizin, Farbpsychologie, Klimatechnik und Akustik. Das Innere des Gebäudes verstand er als eine Folge von

Hypo-Bank am Arabellapark München

Lichtdecken im Hypo-Haus, München, großer Vortragsaal, 1976–1980

Erlebnisräumen, in der jeder Raum nicht nur seine Funktion erfüllte, sondern auch eine bestimmte Wirkung vermittelte. Für Nestler war der Sinn einer Innengestaltung nicht nur, ein Bankunternehmen durch ein bestimmtes Firmenimage und seine Kommunikationsstrategie darzustellen, sondern auch, das betriebliche Leben zu „humanisieren". Zu diesem Zweck wurden alle Mittel eingesetzt, die dem Architekten zur Verfügung standen: Raumbegrenzung, Licht, Farbe, Möblierung, Einrichtung, Ausstattung, infrastrukturelle Ausrüstung, Informations- und Kommunikationsstrukturen, Gestaltung der vertikalen und horizontalen Verkehrsflächen und Wegeführungen. Als Farbgestaltung entwickelte Nestler ein nuanciertes System aus gedeckten Tönen, das vier Hauptfarben umfasste: eine Gelb-Reihe, dunkles, bläuliches Rot, Hellgrün und Blau. Das interessanteste Element des Projekts aber war das, was Nestler als „Deckensysteme" bezeichnete,[175] das heißt Lichtdecken und Lichtkompositionen mit Glasdächern und Neonröhren, die zum Beispiel die Eingangshalle, den großen Vortragssaal und das Foyer der Konferenzzone gestalteten [Seite 164, 166].

Kreissparkasse Sendlinger-Tor-Platz München

→ Seite 176

Einige Jahre später entwarf Nestler den Neubau der Kreissparkasse in München, der zwischen 1985 und 1987 gebaut und 1988 eingeweiht wurde. Nestlers Projekt siegte bei einem 1982 ausgeschriebenen Wettbewerb, der einen Neubau für die Hauptstelle der Kreissparkasse in einer zentralen städtebaulichen Situation vorsah, und zwar am Sendlinger-Tor-Platz, einem der wichtigsten Verkehrsknotenpunkte Münchens, neben einem der mittelalterlichen Stadttore der Altstadt.[176] Die historische Umgebung und die schwierigen Bodenverhältnisse (Straßenverkehr und U-Bahn-Röhren unter dem Grundstück) machten diese Bauaufgabe zu einer besonderen Herausforderung. An derselben Stelle existierte schon ein Gebäude der Kreissparkasse, an dem zwischen 1950 und 1977 verschiedene Arbeiten zur Instandhaltung und Erweiterung sowie zum Wiederaufbau der bei den Bombardierungen im Zweiten Weltkrieg beschädigten Teile durchgeführt worden waren. Da die Anforderungen sich jedoch geändert hatten und das Gebäude erweitert werden musste, fasste der Verwaltungsrat der Kreissparkasse 1981 den Beschluss, unter Abbruch des gesamten vorhandenen Baubestands für das Areal am Sendlinger-Tor-Platz einen völligen Neubau zu planen.

Im Archiv der Kreissparkasse wird die Dokumentation des Wettbewerbs (Auslobung, Gutachten, Zeichnungen) aufbewahrt, an dem 63 Architekturbüros teilnahmen. Sechs davon, alle aus München, erhielten von der Jury den Auftrag, ihre Vorschläge zu überarbeiten. Nach dieser Überarbeitungsstufe wurde Paolo Nestler im November 1983 mit der Planung des neuen Kreditinstituts beauftragt.[177] Das siegreiche Projekt sah ein geschlossenes und kompaktes rechteckiges Gebäude mit einem „Leerraum" in der südöstlichen Ecke vor. Nestler beschrieb die Intentionen seines Baus mit den Schlüsselwörtern Normalität, Gediegenheit und Bescheidenheit: „Kein Spiel der großen Gesten, aber eine unbekümmerte Freude am Komponieren, auch mit plastischen Großformen und Licht im Inneren."[178] Das Gebäude wurde als Bauwerk mit zwei Gesichtern konzipiert: Zum Platz hin zeigte es eine geschlossene, mit Naturstein verkleidete Fassade [Seite 167], nach Süden eine Fassade aus Glas und Metall mit großzügigen Fensterfronten, die eine spannungsreiche Öffnung zum Licht und zum Grün und eine Wechselwirkung zwischen innen und außen erzeugte [Seite 177].[179]

Lichtkomposition mit Neon-Röhren und Glasdach in der Eingangshalle des Hypo-Hauses, München, 1976-1980

Laut der Preisgerichtsempfehlung waren die große Entwicklungsfähigkeit, die in Nestlers Lösungsansatz steckte, und „der Vorschlag, den [...] Grünzug (Stadtgraben) durch die geöffneten Gebäudeflanken im Süd-Osten in das Gebäude hinein fortzuführen" ausschlaggebend für den ersten Rang.[180] Kritisiert wurden hingegen die Eingangssituation und die Fassade: „Die sehr großzügige Gesamtlösung verliert durch ihre teilweise überraschend konventionelle Fassadengestaltung an Aussagekraft."[181]

Kreissparkasse Sendlinger-Tor-Platz, München, Außenansicht, 1980er-Jahre

Kreissparkasse Sendlinger-Tor-Platz, München, Kassenhalle, 1980er-Jahre

Kreissparkasse Sendlinger-Tor-Platz, München, Metall-Glas-Gittertor, 1980er-Jahre

In der überarbeiteten Stufe des Projekts wurde der Hauptzugangsbereich neu konzipiert; verbessert wurde auch die Raumqualität der Kassenhalle. Allerdings litt, laut Architekturkritiker Christoph Hackelsberger, die Eindrücklichkeit der Nord- und Westfassade unter dem „Anpassungsdruck" des Ortes und der komplexen Bauzwänge der direkten Umgebung.[182] In der endgültigen Version war die Kreissparkasse ein Gebäude mit fünf oberirdischen Geschossen, drei Untergeschossen und einem Zwischengeschoss mit Galerie. Die überbaute Fläche beträgt 2580 m^2. Im Inneren befanden sich eine große, nach Süden geöffnete Kundenhalle, ein Vortragssaal, ein Sitzungssaal, ein Betriebsrestaurant und elf Wohnungen verschiedener Größe.

Die Fassade nach Nordwesten, die Solidität ausstrahlt, erhebt sich auf Pfeilern, die zum Platz hin Arkaden bilden, und verfügt über einfache rechteckige Öffnungen in regelmäßigen Abständen. Sowohl in der doppelgeschossigen Arkade als auch in der „überaus italienisch wirkenden, eleganten Konstruktion des in Stahl ausgeführten, als großes Gesims auskragenden Attikageschosses" ist eine Ähnlichkeit zur italienischen Architektur der Fünfzigerjahre zu erkennen, wie die von BBPR entworfene Torre Velasca in Mailand.[183] Die Rückseite mit der geschweiften Glaswand ist reizvoller und lässt einen Luftraum entstehen, sodass der Baukörper über mehrere Etagen hinweg kühn aufgerissen wird. Im Gebäudeinneren, das sich dank der großzügigen Glasflächen mit Licht und Grün erfüllt, offenbart sich eine erstaunliche Weitläufigkeit. Das in der Höhe über alle Stockwerke reichende Foyer charakterisiert eine ausgeprägte Vertikalität [Seite 179, 180], die einen Kontrast zur Horizontalität der Kundenhalle bildet, die mit von Nestler entworfenen – nicht erhaltenen – Möbeln ausgestattet war.[184] Die Glasdecke mit dem Kreis als wiederkehrendes Motiv existiert ebenfalls nicht mehr [Seite 168]. Ein Metall-Glas-Gittertor mit abstrakten Motiven, das von Nestler selbst entworfen wurde, bildet die Trennung zwischen Foyer und Kundenhalle [Seite 169].[185]

Auch bei diesem Projekt zeigte Nestler wieder einmal, dass er ein brillanter Innenarchitekt war. In seiner Ansprache anlässlich der Einweihung am 19. März 1988 erklärte er seine Entscheidung, den für die Menschen verlorenen Erlebnisraum in das Innere des Gebäudes zu holen, da er den Sendlinger-Tor-Platz selbst nur als Verkehrsknotenpunkt empfand. Der Rohbau und sichtbare Konstruktionsteile sind aus Stahlbeton, die Platzfassaden sind mit Naturstein (gestockter Trachyt) verkleidet. Der gleiche Stein wird als Fußbodenbelag in den Arkaden und im

Stadtsparkasse
im Tal
München

→ Seite 182

Foyer sowie als Wandverkleidung im Inneren verwendet, mit unterschiedlichen Oberflächenbehandlungen. Alle Metallteile sind aus pulverbeschichtetem Leichtmetall. Als Holz werden im Inneren an Paneelen, Türen und Möbeln Vogelaugenahorn und Esche verwendet. Der Architekturkritiker Peter M. Bode schrieb dazu: „Wer demnach zumindest vom – platzseitigen – Äußeren der Kreissparkasse enttäuscht ist, der kann sich jedoch durch die raffinierte und sorgfältige Gestaltung des Inneren versöhnen lassen. Da läßt es Paolo Nestler an nichts fehlen. Souverän beherrscht er das aparte Spiel mit hängenden Sälen, Brücken, hohen Lufträumen bis unters gläserne Dach, offenen Durchblicken, völlig transparenten High-Tech-Fahrstühlen und sympathischen Wendel-Freitreppen“ [Seite 181].[186]

Für die Hauptstelle der Stadtsparkasse München im Tal,[187] die 1991 eingeweiht wurde, schlug Nestler eine radikale Umgestaltung des Gebäudeinneren und eine raffinierte Lösung für die Überdachung vor, die er wie eine große Skulptur konzipierte.[188] Die Stadtsparkasse befindet sich nordöstlich des Marienplatzes im Graggenauer Viertel. Ihr Komplex war von 1898 bis 1991 gewachsen und bildet heute einen geschlossenen Häuserblock zwischen vier Straßen: dem Tal, der 1908 gebauten Sparkassenstraße, der Ledererstraße, vormals Irchergasse, und der Maderbräustraße.[189] Die Bebauung setzt sich aus dem Altbau, der in zwei Bauabschnitten zwischen 1898 und 1908 von Stadtbaudirektor Hans Grässel errichtet wurde, und dem Erweiterungsbau von Werner Eichberg von 1956 zusammen. Zwischen 1988 und 1991 wurde das bestehende Gebäude von Nestler komplett umgebaut. Alle drei Architekten, die sich mit dem Komplex der Stadtsparkasse beschäftigten, mussten sich mit der anspruchsvollen Umgebung der Altstadt auseinandersetzen, wie der Nähe zu St. Peter und der Heilig-Geist-Kirche sowie zum Alten Rathaus [Seite 183].

Im Laufe der Zeit veränderte sich das Gesicht des Gebäudes: Am Anfang stand der Neorenaissancebau von Hans Grässel (1898); ungefähr sechzig Jahre später ergänzte Werner Eichberg das Gebäude, entsprechend dem funktional-nüchternen Baustil der Nachkriegsmoderne; zum Schluss gestaltete Nestler mit einem radikalen Eingriff das Innere um und verwandelte den großen Innenhof des Häuserkarrees in ein eindrucksvolles, glasüberdachtes Forum [Seite 184]. Die Idee war, der Kundenhalle die Form einer überdachten Passage mit Tageslicht im Inneren zu geben: „eine Piazza für Geldgeschäfte“ oder „italienische Galleria“, wie die Halle genannt wurde,[190] eine lichtdurchflutete Straße mit fünf halbkreisförmigen Kundenzentren, die wie überdachte Ladenstände den Marktcharakter der Halle hervorhoben. Der Boden aus hellgrünem Granit sollte die Straßenatmosphäre des Ganzen verstärken [Seite 172, 173].

Das Thema der Bank als Straße (in Form eines internen Durchgangs) wurde in den Fünfzigerjahren von Giovanni Michelucci in seinem Entwurf für die Cassa di Risparmio in Florenz formuliert: ein Projekt, mit dem der Architekt die Idee einer Passage weiterentwickelte, das heißt eines Fußgängerwegs, zu dessen Seiten die Bankräume liegen. Ein durchlässiger, offener, heller Raum mit einem Weg auf Straßenebene und einem Weg auf der erhöhten Galerieebene. Auch wenn wir nicht wissen, ob Nestler dieses Werk kannte, soll an diese interessante Lösung Micheluccis für eine „offene" Bank erinnert werden.[191]

Stadtsparkasse im Tal, München, Kundenhalle, 1991

1985 war der Baukomplex reif für eine völlige Überarbeitung, Renovierung, Neugestaltung und einen Neubau, soweit vom Denkmalschutz erlaubt. Die Stadtsparkasse beauftragte acht Münchner Architekturbüros in einem Ideenwettbewerb. Der Sieger dieses beschränkten Wettbewerbs war Nestler, dessen Entwurf sich eindeutig von den anderen eingereichten Arbeiten abhob: Er berücksichtigte die städtebaulichen Aspekte und stellte interessante Lösungen sowohl für die Erschließung als auch für die neue Kundenhalle und für die Renovierung der alten Kassenhalle vor. Die Jury entschied sich deshalb für seinen Entwurf, und die neu gestaltete Stadtsparkasse konnte bereits nach drei Jahren eröffnet werden.

Der Grundgedanke von Nestlers Umbau war, die versteckten Neorenaissanceteile von Grässels Hoffassaden wieder freizulegen und als Fronten einer „Innenstraße"

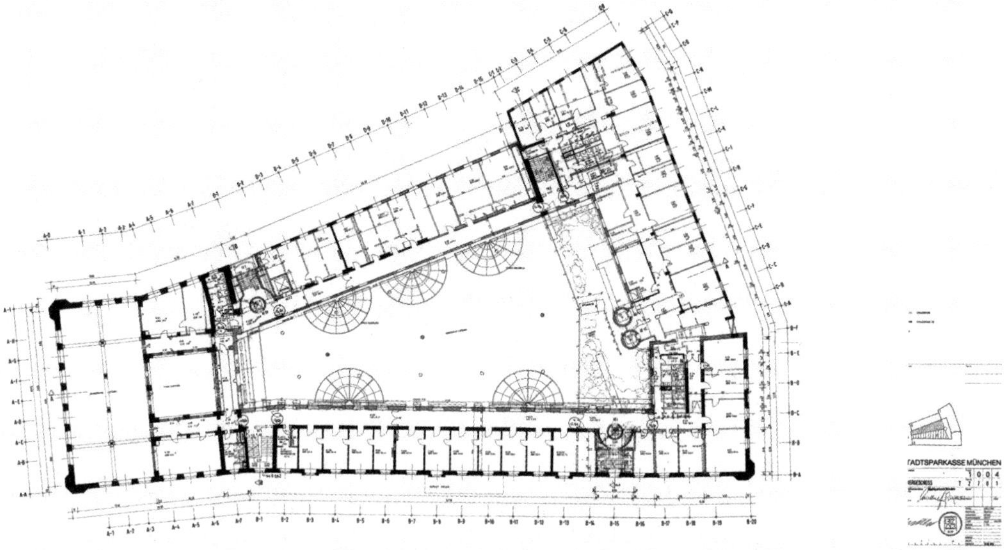

Stadtsparkasse im Tal, München, Grundriss 1. Obergeschoss, 1991

sichtbar zu machen. Die Struktur der Außenfassade wurde somit im Gebäudeinnern an beiden Längsseiten wiederholt. Anstelle der niedrigen Kassenhalle mit Flachdach wurde ein von drei baumartigen Stützen getragenes Glasdach eingebaut [Seite 187]. Es wurde als Grabendach, also als Umkehrung eines Satteldachs konzipiert und „der First [wurde] gleichsam zum ‚Kiel' einer transparenten Schiffkonstruktion".[192] Um das Eigengewicht möglichst gering zu halten, wurde die Konstruktion aus Stahl konzipiert. Die Lastabtragung quer zur Längsachse des Innenhofs erfolgt über Sparren mit einem Abstand von 2 m, sodass ein Teil der vertikalen Belastung in die vorhandenen Gebäude eingeleitet werden konnte. Zur Lastabtragung in Längsrichtung wurde die räumliche Tragwirkung eines Faltwerks durch Bogenträger, die in die Dachflächen integriert sind, erzeugt.[193] Der „Kiel" war 54 m lang und bildete eine mächtige Stahlträgerrinne, die über drei „wie die Finger einer Hand gespreizte Baumstützen" abgetragen wurde.[194] Das Ergebnis dieses aufwendigen und raumprägenden Tragwerks war „ein Hof zwischen Hausfronten".[195] Die Wände des Hofs bildeten die restaurierten, beim älteren Teil beige und beim neueren Teil hellgrau getönten Fassaden des Bestands. Im Wesentlichen versuchte Nestler, zur ersten Bauphase zurückzukehren und die verschiedenen Schichten der Nachkriegszeit zu entfernen, und darüber hinaus mit seinem Farbkonzept die alte Farbigkeit des Komplexes zu rekonstruieren, während gleichzeitig an verschiedenen Stellen, zum Beispiel in den langen Fluren, neue gelbe und rote Akzente aufleuchteten.

Die Inspiration für das V-förmige, nach innen fallende Stahlglasdach kam, laut Nestlers damaligem Mitarbeiter Werner März, aus der Betrachtung der Natur: Ein zerknittertes Blatt habe den Architekten inspiriert, ein „gefaltetes" Dach zu entwerfen. Allerdings können Ähnlichkeiten zu diesem außergewöhnlichen Faltwerk auch in der Stazione Termini in Rom gefunden werden, insbesondere in dem welligen Dach, das die Eingangshalle deckt. Das Grabendach in Rom, Ergebnis eines Wettbewerbs im Jahr 1950, faszinierte Nestler, der den Bahnhof als „Bauwerk unserer Zeit, Symbol der heutigen Architektur in Italien"[196] beschrieb. Auch bei dem Eingangspavillon der Abteilung Schienenverkehr auf der Internationalen Verkehrsausstellung experimentierte Nestler mit der Form des Schmetterlingsdachs, doch wie in Rom war die Struktur hier aus Beton, während sie bei der Stadtsparkasse mit Stahl und Glas ausgeführt wurde.

Im Dezember 1991 vergab die Feuilletonredaktion der *Abendzeitung* den „Stern des Jahres" für Architektur an Paolo Nestler als Anerkennung für „außergewöhnliche

Leistungen auf kulturellem und kulturpolitischem Gebiet".[197] Der Preis bezog sich auf die im selben Jahr eingeweihte Umgestaltung der Stadtsparkasse München. Der Architekturkritiker Christoph Hackelsberger stellte fest: „Der erste Eindruck ist jener von Weite, von Großzügigkeit und konstruktiver Prägnanz. [...] Über die konstruktive Lösung der von unten und oben gleichermaßen ungewöhnlichen Glasüberdachung des Hofes kann man unterschiedlicher Auffassung sein. Insgesamt aber hat die Münchener Stadtsparkasse [...] ein ebenso solides wie beeindruckend gestaltetes Ensemble erhalten, mit dem sie viel besser leben und älter werden kann als mit irgendeiner modischen architektonischen Sensation für Einweihungsfeier und Veröffentlichung auf Glanzpapier."[198]

Kreissparkasse Sendlinger-Tor-Platz, München
Fotografie: Marta Tonelli, 2020

Stadtsparkasse im Tal, München
Fotografie: Marta Tonelli, 2020

Digital-Center 2.0

Schriften

Neues Bauen in Italien: eine Anthologie in Bildern

Im Jahr 1954 veröffentlichte Nestler eine Anthologie mit dem Titel „Neues Bauen in Italien“, in der seine Studien über die zeitgenössische italienische Architektur zusammenflossen. Sie enthält eine Auswahl von Projekten, die nach Typologien geordnet sind und von einer Einführung in vier Sprachen über die wichtigsten Strömungen und Tendenzen des 20. Jahrhunderts begleitet werden.

In dieser Anthologie von Bauten, die repräsentativ für die neuen Planungstendenzen Italiens kurz nach dem Zweiten Weltkrieg waren, zeichnete Nestler ein Porträt der italienischen Architektur der Zeit. Die Auswahl an Werken, die mit Zeichnungen, Fotografien und kurzen Beschreibungen vorgestellt werden, reichte von den großen Meistern wie Ignazio Gardella und Gio Ponti bis zu experimentellen Projekten junger, noch unbekannter Architekten. Nestler wollte einen lebendigen und aktuellen Ausschnitt der italienischen Baukultur illustrieren und ließ die Projekte und die Protagonisten für sich selbst sprechen, jenseits von Theorien und Debatten. Abgesehen von einer historischen Einführung, in der die Entwicklung der modernen Architektur vom Jugendstil bis zum Rationalismus beschrieben wurde, fehlt ein kritischer Abschnitt im eigentlichen Sinne.

Ohne Anspruch an Vollständigkeit oder Systematik sollte diese Darstellung ein nützliches Instrument sein, um die wichtigsten Themen und Richtungen der Architektur in den Jahren des Wiederaufbaus zu beleuchten. Zu jener Zeit stand Italien im Zentrum des Interesses von Architekten, Architekturkritikern und -historikern aus ganz Europa und war zudem Gegenstand zahlreicher Untersuchungen, die sich aus der Nähe mit den Forschungslinien beschäftigten, die die Protagonisten und wichtigsten Vereinigungen wie APAO (Associazione Per l'Architettura Organica), SAU (Società di Architettura e Urbanistica) und MSA (Movimento Studi Architettura) verfolgten. Nestler gehörte zu den ersten Architekten in Deutschland, die einen Blick über die Alpen warfen und einem Publikum, das nicht nur aus Fachleuten bestand, die bedeutendsten Ergebnisse der schöpferischen Entwicklungen in Italien vorstellten. Besonders berücksichtigt wurden die beiden kreativen Zentren der Zeit, Rom und Mailand, aber auch Beispiele aus dem Süden und aus kleineren Städten fehlten nicht.

In der Diskussion über den Wiederaufbau nahm sowohl in Italien wie in Deutschland das Thema Wohnraum eine vorrangige Rolle ein: So lässt sich das besondere Interesse Nestlers für die verschiedenen Wohntypen erklären, die anhand von Beispielen erläutert wurden, die vom sozialen Wohnungsbau bis zu den raffinierten Ferienwohnungen des Großbürgertums und den Mehrfamilienhäusern Luigi Morettis in Rom reichten [Seite 191].

Mehrfamilienhaus, Rom, Luigi Moretti, 1951

In den Fünfzigerjahren kam in Italien ein neuer Typus auf, der den Bedürfnissen der Mittelschicht entsprach: die „Palazzina“ – ein kleines Mehrfamilienhaus – als Statussymbol. Die Palazzina, ein Mittelding zwischen der für Arbeitersiedlungen typischen dichten Bebauung und den Einfamilienhäusern der Vorstädte, zog nicht nur wegen der architektonischen Qualität eines Großteils des privaten urbanen Baugeschehens in Bezug auf Komfort, Effizienz und Funktionalität die Aufmerksamkeit der Kritik auf sich, sondern auch weil sie ein gebrauchsfertiges „Konsumprodukt“ darstellte.[199]

Unter den Wohnbauten, die Nestler in seiner Anthologie illustrierte, finden wir neben den römischen Stadthäusern von Monaco und Luccichenti einige Wohnhäuser in

Mailand, Genua und Neapel. Im Kapitel über Einfamilienhäuser, das bevorzugte Experimentierfeld des Architekten, werden einige elegante Villen am Comer See und in anderen Urlaubsorten wie Fregene und Cortina d'Ampezzo vorgestellt: Sie sind Beispiele für qualitativ hochwertige Bauten, die sich vor allem durch die gelungene Integration der Gebäude in die Landschaft und durch die Wahl der Materialien auszeichnen [Seite 192].[200]

Landhaus, Fregene, Rom, Francesco Pennisi, 1950

In der Kategorie der Büro- und Industriebauten finden wir zumeist Gebäude in Mailand, die ein strenger Rationalismus prägt und die von bekannten Architekten wie Gio Ponti, Marco Zanuso und den Brüdern Castiglione geplant wurden, sowie ein Beispiel aus Süditalien: die Baumwollspinnerei des Architekten Pietro Ajroldi in Palermo mit ihrer originellen Überdachung [Seite 193]. Das einzige in der Anthologie vertretene religiöse Gebäude ist die Kirche Sant'Antonio Abate in Recoaro Terme von Giuseppe Vaccaro, die sich durch ihre ungewöhnliche Fassade mit Marmorintarsien und eine intensive Dialektik von Innerem und Äußerem auszeichnet.

Nestlers Buch war nicht die einzige Publikation, die das internationale Interesse an der italienischen Architektur der Nachkriegszeit dokumentierte. Im Jahr darauf erschien in Mailand Carlo Paganis „Architettura italiana oggi", mit italienischem und englischem Text und Kurzbiografien der vorgestellten Architekten.[201] Zur gleichen Zeit stellte der amerikanische Kritiker George Everard Kidder Smith Italien und seine moderne Architektur in dem Buch „Italy Builds" vor, das 1955 in London erschien. Diese beiden Publikationen sollten in der Folge, zusammen mit Paolo Nestlers „Neues Bauen in Italien", die wesentlichen Orientierungspunkte für das Bild der italienischen Architektur im Ausland sein.

Fabrikationshalle, Baumwollspinnerei, Palermo, Pietro Ajroldi, 1952

Zwanzig Jahre nach der Veröffentlichung von „Neues Bauen in Italien“ wendete sich Nestler den neuesten architektonischen Entwicklungen im Deutschland der Nachkriegszeit zu und machte sich zusammen mit dem Architekturkritiker Peter M. Bode an ein weiteres Buchprojekt: eine Studie über die deutsche Architektur nach 1960. Das mit vielen Illustrationen versehene Buch wurde 1976 in einer Reihe veröffentlicht, die der deutschen Kunst zwischen 1960 und 1975 gewidmet war [Seite 195]. Es sollte anhand einer Reihe von beispielhaften Bauten einen aktuellen Überblick über die zeitgenössische deutsche Architektur geben.[202]

In den zehn Kapiteln, die Mehrfamilienhäusern, Bauen in der Landschaft, Baumaßnahmen in den Altstädten, Schul- und Verwaltungsgebäuden, religiösen Stätten, Geschäftsgebäuden, Bauten für Kunst, Sport und Freizeit gewidmet sind, ging es Nestler und Bode weniger darum, eine Geschichte der Nachkriegsarchitektur in Deutschland zu schreiben; vielmehr wollten sie eine Epoche dokumentieren und die Bedeutung der zeitgenössischen Architektur nach der kritischen Phase des Wiederaufbaus untersuchen sowie den Dialog zwischen den unterschiedlichen oder auch entgegengesetzten Tendenzen des zeitgenössischen Baugeschehens in Gang bringen.

Für Nestler stand es außer Frage, dass die Architektur in den Sechzigerjahren eine Krise durchgemacht hatte. Jedoch tauchten inmitten einer insgesamt negativen Bilanz, deren Extreme das Chaos der Innenstädte und die Monotonie der Peripherien darstellte,[203] überall Versuche auf, die Umwelt lebenswerter zu gestalten und Gebäude im Dienst des Menschen zu verwirklichen. Diese „Menschlichkeit“, die zum Beispiel in Günter Behnischs Schulgebäuden, Otto Steidles Wohngebäuden und den faszinierenden zugbeanspruchten Konstruktionen von Frei Otto zu finden waren, wurde von den Autoren als wichtigster Wert des zeitgenössischen Bauens betrachtet, jenseits aller Ideologien und Slogans.

Das erste Kapitel ist eine Abhandlung allgemeinen Charakters, in der Peter M. Bode sich mit einigen grundlegenden Themen der deutschen Architektur jener Zeit befasst. Bodes Überblick beginnt mit einer Klarstellung bezüglich des ausgewählten Zeitraums: Das Jahr 1960 markiere einen Übergang in der Geschichte der Architektur und der Stadtplanung der Bundesrepublik. Bis zu jenem Augenblick konnten die Bauten der Nachkriegszeit in zwei große Kategorien eingeordnet werden: auf der einen Seite Gebäude, die den Repräsentationsstil des Reichs weiterführten und nach dem Vorbild des Rationalismus und den Bauprinzipien des International Style modernisiert wurden, auf der anderen die Bauten, die einzig dem Bedürfnis gehorchten, Tausenden wohnungslosen Familien ein Dach über dem Kopf zu geben, und frei von ästhetischen oder formalen Vorstellungen waren. Nach 1960 waren mit dem Wohlstand und Fortschritt auch die architektonischen Ansprüche der Bevölkerung und das Bewusstsein der Architekten gewachsen, die sich immer mehr an den Planungsprinzipien amerikanischer Prägung orientierten. Bode versuchte dann, den Funktionalismus zu definieren, den er für eine der abgedroschensten und missverständlichsten Formeln der zeitgenössischen Architektur hielt. Darauf folgte eine weiträumige Zusammenschau der mit der modernen Stadt und ihrem Mangel an Qualität verbundenen Themen und Probleme, nicht nur unter städtebaulichen Gesichtspunkten wie exzessive Bebauungsdichte, unkontrolliertes Zubetonieren, Nivellierung, Zerstörung von sozialen Gefügen, sondern auch hinsichtlich der Baukultur, im Sinne einer Harmonie der Formen, der sorgfältigen Auswahl von Materialien, des Respekts vor dem Bestand und der Beziehung zur Natur.

Philarmonie, Berlin, Hans Scharoun, 1963

Das Buch mit seinen etwa 400 Abbildungen ist eine bündige, illustrierte Anthologie mit vielen Beispielen aus unterschiedlichen Gegenden und für verschiedene Bautypen. Die traditionelle Abhandlung wird durch präzise Überlegungen ersetzt, die ein kritischer, antidogmatischer Ansatz auszeichnet, der einzelne Probleme der

Architektur anhand konkreter Beispiele beleuchtet: von der Stadtplanung bis zum Verhältnis zur Landschaft, von der Akustik bis zum Fertigbau, von der Verwendung von Zement bis zur Bedeutung der gebogenen Linie. Ihre Auswahl umfasst zahlreiche Bauwerke – von München bis Hamburg, von Wohnhäusern bis zu Industriebauten –, illustriert mit schönen Fotografien, denen gegenüber Grundrissen und technischen Zeichnungen der Vorzug gegeben wurde, da sie einem breiten Publikum den besseren Zugang bieten.

Die Kapitel, die nach typologischen Kriterien organisiert sind, begleitet jeweils eine kurze Einführung mit kritischen Anmerkungen zu den einzelnen Gebäuden und den mit ihnen verbundenen Projekthemen. Wie die Autoren hervorheben, entstanden diese kritischen Anmerkungen zeitgleich mit den Gebäuden, das heißt, sie wurden geschrieben, während sich diese im Bau befanden: Diese Nähe zu ihrem Gegenstand verleiht den Überlegungen, die das Ergebnis einer direkten und vertieften Kenntnis ihrer Studienobjekte sind, Authentizität und Aktualität.

Ein Beispiel für die harmonische Integration eines Bauwerks in die Landschaft sind nach Ansicht der Autoren die Bauten von Behnisch & Partner für den Olympiapark in München.[204] Sie sind auch einer der seltenen Fälle, in denen eine kühne Idee verwirklicht und nicht von der üblichen politischen Beschränktheit und Feindseligkeit oder technischen und finanziellen Zwängen behindert wurde. Der Besucher wird von einer der berühmtesten Überdachungen der Welt begrüßt, die aus einer technisch brillanten Lösung hervorging und gleichzeitig dynamisch, schwungvoll und perfekt in die Landschaft integriert ist, während ihr der Gigantismus und die nationalistischen Züge fehlen, die viele Bauten dieser Art auszeichneten.

Weitere in dieser Sammlung präsentierte und von den Autoren wegen ihrer formalen, räumlichen oder baulichen Merkmale gewürdigte Projekte sind die Kirche Christi Auferstehung von Gottfried Böhm in Köln [Seite 197], das von Bernhard Pfau entworfene Schauspielhaus in Düsseldorf mit seiner geschwungenen Fassade und das Olivetti-Gebäude von Egon Eiermann in Frankfurt, deren Qualität auf der Liebe zum Detail und einer eleganten, aber auch spielerischen Verwendung von Materialien wie Glas und Stahl beruht.

Pfarrkirche Christi Auferstehung, Köln-Melaten, Gottfried Böhm, 1970

Form als Zeichen: die Bedeutung der Geschichte

Anlässlich eines 1981 an der der Akademie der Bildenden Künste durchgeführten didaktischen Experiments setzte sich Nestler mit einem der zentralen Themen der architektonischen Theorie und Praxis der Zeit auseinander – der Beziehung zur Geschichte und der Kontinuität von Tradition –, das von vielen als eine der wichtigsten Fragen der Nachkriegszeit angesehen wurde.[205] Im Nestler-Archiv befindet sich ein Text, der diese Überlegungen zusammenfasst und Nestlers antihistoristische Haltung bezeugt, mit der er sich gegen jegliche Nachahmung wendet, das heißt gegen eine unkritische Aneignung des Erbes von Formen und Zeichen der Vergangenheit. In Nestlers Ansatz wie in seinen theoretischen Überlegungen nimmt die Geschichte zwar einen zentralen Platz ein, aber der Sensibilität und Abstraktionsfähigkeit des Architekten komme die Aufgabe zu, die Beziehung zur Vergangenheit zu verinnerlichen und ihre wesentlichen Werte aufzunehmen, um in den Formen der Tradition neue Bedeutungen zu finden.

Ausgangspunkt und Anlass für die von Nestler vorgeschlagenen Untersuchungen waren die Reisen nach Paris und Wien, die er mit den Studierenden der Akademie unternahm, sowie einige in jenem Zeitraum ausgeführte Projekte, insbesondere die Neugestaltung und Innenausstattung einer Reihe von bedeutenden historischen Gebäuden in Europa – die Villa Hammerschmidt in Bonn, das Palais Lobkowicz in Prag und das Palais Lützow in Wien –, die Gestaltung von Fassaden in Paris, München und Salzburg sowie das Projekt für ein Wohngebäude in Berlin in der Nachbarschaft von Bauwerken von großem kunsthistorischem Wert. Der gemeinsame Nenner all dieser Arbeiten ist die Auseinandersetzung mit historischen Bauwerken und ihrer Formensprache. Nach Ansicht Nestlers stellte sich besonders auf dem Gebiet der Restaurierung die Frage nach der formalen Integration von Alt und Neu mit immer größerer Dringlichkeit, und der Ort, an dem gültige Antworten und kreative Lösungen für dieses Problem zu finden wären, wäre die akademische Welt.

Der Dialog mit dem Bestehenden und die kritische Interpretation der Umgebung, im Sinne eines geschichtlichen Gefüges, waren die wichtigsten Kennzeichen des Werks vieler italienischer Protagonisten des Wiederaufbaus, von Giuseppe Samonà bis zu BBPR. Gemäß Manfredo Tafuri zeichnete gerade der Dialog mit der Umgebung „die italienische Architektur jener Jahre aus. Sich der Umwelt zuzuwenden ist einfach nur die andere Seite der

Hinwendung zur Natur: Man sucht ‚Schutz', man ruht sich aus, man schmiegt sich an sanfte Hügel".[206]

Im „Bericht über eine Untersuchung, durchgeführt im Verlaufe des Wintersemesters" von 1981, erläuterte Nestler das Ziel dieser Übung: „Thema: Das Formenrepertoire historistischer Architektur, deren Gestaltqualität und Bedeutung als von uns angetroffene und wahrgenommene bauliche Realität. Gestaltmöglichkeiten, welche durch eine Analyse dieses Repertoires zu Tage kommen. Zweck: Wege aufzuzeigen für eine maßstäblich dimensionierte Integration neuer Bauformen. Anerkenntnis der Form als Zeichen und nicht als Zitat."[207] Das Thema der Übung verlangte, in der höchst aktuellen Gegenüberstellung von Modernität und Tradition, Rationalismus und Postmoderne, Funktion und Form Stellung zu beziehen, obwohl Nestler deutlich machte, dass er in diesem Text nicht von der Funktion als Erzeugerin von Formen sprechen werde.[208]

„In Anbetracht der augenblicklichen Tendenzen der Architekturentwicklung (Schlagworte: ‚Gegenwart der Vergangenheit', ‚Architektur als Zitatensammlung', ‚Postmoderne Architektur' ... und aus einer anderen Position: ‚Neorationalismus', ‚Neofunktionalismus', ‚Reale Architektur') ist es unter anderem interessant, das Formenrepertoire historistischer Architektur nicht nur unter dem Blickwinkel der Architekturhistorie und der ‚Altenpflege' als vergangen und typisch für eine angeblich dekadente spätbürgerliche Kultur abzutun, sondern ihre Bedeutung als Zeichen der Erinnerung, ihren Stellenwert im Katalog der Wahrnehmungen von Gebäuden als Ausdruck von abgeleiteten, übernommenen oder neu zusammengesetzten formalen Ordnungen zu betrachten und zu analysieren. Dies umso mehr, als nicht nur Neugebautes neben erhaltenem Alten sich hinstellt und um Verständigung und gemeinsames Maß bemüht ist [...], sondern auch von Altem unabhängiges Wirken von Formen und Gestalt wieder zu entdecken beginnt als Imperativ."[209]

Der Slogan „Gegenwart der Vergangenheit", auf den sich Nestler bezog, war der Titel der ersten Architekturbiennale in Venedig („La Presenza del Passato"), die 1980 unter der Leitung von Paolo Portoghesi stattfand. Diese Ausstellung, die als Manifest der Postmoderne in Italien angesehen wurde, hatte eine enorme Wirkung in Italien und im Ausland.[210] Wie der Titel verriet, war das zentrale Thema der Ausstellung die Beziehung zur Vergangenheit und die Neubetrachtung des gesamten historischen Erbes, ein Unterfangen, das die architektonische Kultur Europas jener Jahre charakterisierte.

Nestler suchte nach einer Position, die zwischen den beiden Extremen vermittelte, das heißt, zwischen der Verdrängung der Geschichte, wie sie die Moderne, der International Style und die strengen Rationalisten vornahmen, die eine ahistorische, pragmatische und funktionelle Einfachheit befürworteten, und der Haltung derjenigen, die sich dagegen in ein Universum aus Zitaten und einen rhetorischen und monumentalen Gebrauch von der Tradition entnommenen Elementen flüchteten: Säulen, Bögen, Portale und Gesimse. Nestler schaute besorgt auf die Verbreitung von „wörtlichen oder pseudowörtlichen Zitatensammlungen",[211] auf die in vielen Fällen bei Gebäuden von großer gesellschaftlicher und kultureller Bedeutung zurückgegriffen wurde. Er übte keine Nachsicht gegenüber dieser Art Flucht in die Vergangenheit und gegenüber der „Kopistenbanalität",[212] die seiner Ansicht nach der konkrete Beweis für eine verbreitete Unsicherheit war. Jedoch dürfte auf keinen Fall der Schatz an Formen und Gesetzen, den uns die Vergangenheit anvertraut hatte, ignoriert und die Tatsache vernachlässigt werden, dass sich jede Epoche ein eigenes, generelles und zeitloses Vokabular von allgemeingültigen Zeichen und Gesetzen angeeignet hatte. Auch die historistische Architektur wäre also in der Lage gewesen, neue „Ordnungen" und „Partituren" hervorzubringen, die einen Sinn innerhalb des zeitgenössischen Projekts ergäben.

Die von Nestler durchgeführte Übung bestand darin, Kompositionen, Sequenzen, Glieder, Rhythmen und Konflikte einfacher und komplexer geometrischer Figuren im Einzelnen zu betrachten und die jeweils von ihnen erzeugte Wirkung zu untersuchen, um dieser analytischen Betrachtung dann Anregungen und Hinweise für eine neue Typologie der Form zu entnehmen. Bei diesem Vorgang kam die Wahrnehmungspsychologie ins Spiel, der Nestler eine wesentliche Rolle in der Beziehung zwischen Mensch und Architektur beimaß. Die Prämisse lautete, dass jeder Bau in einer – visuell und sinnlich – harmonischen Beziehung zu der Person, die ihn betrachtet, erlebt und wahrnimmt, stehen müsse. Die Auffassung von Typologie als Invarianz der Morphologie scheint im Hintergrund von Nestlers Idee zu stehen, der Versuch, in den Bauten der Vergangenheit die universellen Kriterien zu suchen, die imstande wären, die Kompositionsprozesse der Architektur jedes Zeitalters anzuführen.[213]

Anhand einer Reihe von Beispielen, die von der griechischen bis zur gotischen Architektur, vom Eklektizismus bis zur Architektur des 20. Jahrhunderts, von den Theorien Gottfried Sempers bis zu denen Karl Böttichers reichten, erklärte Nestler daraufhin die Rolle des Gesimses in der Architektur der Vergangenheit und die Bedeutung von Details für die Proportionierung und die Dimensionierung der einzelnen Gebäudeteile. Geraden, Kurven, Kanten, horizontale, vertikale und diagonale Linien, kassettierte Tonnengewölbe und Kreuzgewölbe bis hin zu modernen Hängeüberdachungen: Die Konstruktion gab das Motiv, aber nicht die Prämisse für die Gestaltung eines Bauglieds vor. Dahinter stand immer ein sehr genauer formaler Wille, der auch die verschiedenen Wahrnehmungserfahrungen bestimmte.[214]

Nestlers Position in Bezug auf die Frage der Aktualisierung von Geschichte im zeitgenössischen Projekt und der Kontinuität kultureller Werte stimmte mit der Haltung vieler zeitgenössischer Architekten und Kritiker überein, die sich gegen künstliche Revivals und für eine Wiederaufnahme wesentlicher Zeichen und Bedeutungen aussprachen.

Im Spannungsfeld von Architektur und Technik: der Fortschritt und seine Grenzen

„Schönheit der Technik – Die gute Industrieform“ war der Titel einer internationalen Ausstellung, die das Landesgewerbeamt Baden-Württemberg 1953 in Stuttgart organisierte.[215] Der Titel vermittelte das zentrale Konzept der Veranstaltung, in deren Mittelpunkt die Themen Technik als kulturelles Phänomen und Industriedesign als treibender wirtschaftlicher Faktor standen. Die Ausstellung präsentierte dem Publikum eine Reihe von Produkten, die die Beziehung von Technik und Gesellschaft, Wissenschaft, Kunst, Wirtschaft, Massenproduktion, Maschinen, neuen Materialien, Energiequellen, Architektur und Wohnkultur veranschaulichten. Die ausgestellten Gegenstände unterschiedlicher Herkunft aus den USA, England, Frankreich, Schweiz, Italien, Schweden, Japan und Deutschland, die von Flugzeugen bis zu Gebrauchsgegenständen reichten, illustrierten die Tragweite der Beziehung von Produkt und Technologie. Ziel war es, einen Beitrag zur Debatte zu leisten und die Auseinandersetzung mit diesen überaus aktuellen Themen anzuregen, um den Boden für gutes Industriedesign zu bereiten.

Fünf Jahre später fand in Brüssel die erste Weltausstellung der Nachkriegszeit statt. Als „Jahrmarkt der Eitelkeiten“[216] wurde sie beschrieben, den das Atomium als Wahrzeichen perfekt verkörperte, das mit seinen riesigen, in den Raum strebenden Metallkugeln im Zentrum des Ausstellungsgeländes thronte. Auf der Brüsseler Expo stand die Technik im Mittelpunkt. Inmitten von selbsttragenden Strukturen, Glaskuben und zur Schau gestelltem Technizismus – der im US-amerikanischen und im sowjetischen Pavillon Höhepunkte an Gigantismus und Pathos erreichte – stachen die Eleganz des von Egon Eiermann und Sep Ruf entworfenen Deutschen Pavillons,[217] den Transparenz und Leichtigkeit auszeichneten, sowie der von der Gruppe BBPR, Giancarlo De Carlo, Ignazio Gardella, Giuseppe Perugini und Ludovico Quaroni präsentierte Verweis auf die Tradition des Italienischen Pavillons hervor.[218] Unterschiedlichere Lösungen waren kaum vorstellbar, handelte es sich doch um zwei politische Antworten auf die Problemstellungen in der Planung und Selbstdarstellung.

Dem Entwurf als kreativem und subjektivem Akt, der in die traditionellen Prozesse des Kunstschaffens eingebunden ist, standen eine auf dem Primat der Maschine gegründete Ideologie und eine Bautätigkeit gegenüber, die das Potenzial der Ingenieurswissenschaft und seine formalen Auswirkungen auslotete, unter Hervorhebung der strukturellen und technischen Elemente. Gitter, Netze, Rohre, Installationen, vorgefertigte Elemente und Serienprodukte, die zu dieser Zeit wesentliche Bestandteile des architektonischen Ausdrucks waren, beanspruchten eine führende Rolle in der zeitgenössischen Planung und offenbarten ihre expressiven Möglichkeiten. Das Bauwesen war auf der Suche nach einer neuen Ästhetik durch die Anwendung von Wissenschaft und Technik, und die Architektur musste den neuen Bedingungen der industriellen Produktion Rechnung tragen.[219]

Die Vorstellung, dass Industrie und Technik die Gesellschaft von Grund auf verändert hatten und die Menschheit in das Maschinenzeitalter eingetreten war, war seit dem Beginn des 20. Jahrhunderts ein Leitmotiv. Mit dem Vertrauen in den Fortschritt und dem Primat der Technologie geht oft die Ablehnung des Erbes der Vergangenheit einher, wie es in den Aussagen Konrad Wachsmanns über die Befreiung von den Dogmen des Klassizismus und von den traditionellen Bauweisen aufscheint.[220] Wie war Nestlers Haltung zur Frage des Verhältnisses von Architektur und Technik? Welche Rolle schrieb er dem technischen Fortschritt in der zeitgenössischen Planung zu? Ebenso wie seine Projekte von einem eher handwerklichen als industriellen Ansatz geprägt waren und für die Subjektivität des Schaffensprozesses eintraten, verraten auch seine Schriften das Unbehagen des Architekten gegenüber dem uneingeschränkt positiven Mythos der Technik. Nestler brachte seine Ansicht zum Thema der Beziehung von Architektur und Technik auf einer Konferenz am 17. Juli 1989 zum Ausdruck.[221]

Er stellte zu Beginn fest, dass der Beziehung Mensch und Technik ein Paradoxon innewohne. Seiner Ansicht nach bestand es darin, dass die positive Einstellung zur Technik und ihre Dämonisierung Hand in Hand gehen, und dass diese entgegengesetzten Positionen – der bedingungslose Glauben an den Fortschritt auf der einen und die destruktiven Folgen eines unbesonnenen Gebrauchs der Technik auf der anderen Seite – die der Rezeption dieses Phänomens zugrunde liegenden Missverständnisse deutlich zum Ausdruck bringen. Die scheinbar neutrale Haltung Nestlers offenbarte in Wirklichkeit, wie schwierig die Herausforderungen waren, vor die die Technik alle künstlerischen Prozesse und alle Fachgebiete stellte. Während die Werke großer Ingenieure wie Jean Prouvé und Pierluigi Nervi als Ausdruck der modernen Industriegesellschaft gefeiert wurden, fehlte es

Farbskizze, ohne Datum

nicht an Zweifeln und kritischen Stimmen angesichts der formalen (und anderen) Konsequenzen dieses Fortschritts: Die Folgen vieler technologischer Prozesse für die Umwelt und die Monotonie des Fertigbaus sind nur zwei Beispiele für die Kehrseite der Medaille der technischen Utopie. Das Janusgesicht des Fortschritts stand im Zentrum von Paolo Nestlers Ausführungen, in denen er vor den Gefahren warnte, die lauerten, wenn der technische Fortschritt nicht mehr nur als Instrument, sondern als Demiurg betrachtet würde.

Zu diesen Themen hatte sich Nestler schon 1967 in der Zeitschrift des Deutschen Werkbunds geäußert: „Mechanistische Weltbetrachtung, futuristischer Pragmatismus, enthalten Modelle volltechnisierter, vollautomatischer, machbarer, manipulierbarer und zahllos reproduzierbarer Formen des Lebens. Auch mit ihnen hat der Mensch zu lernen, denn Mechanisierung von Verhaltensweisen ist ihre unabwendbare Folge."[222] Ohne Antworten oder Lösungen anbieten zu wollen, beschränkte sich Nestler auf allgemeine Betrachtungen zur Bedeutung der Architektur als Dienstleistung und über die Nutzung von Technik als Instrument. Die Architektur, schrieb er, existiere nicht um ihrer selbst willen, sondern für den Menschen, und folglich sei sie Ausdruck bestimmter politischer, sozialer und ökonomischer Strukturen. Unabhängig von ihrer Qualität spiegele sie einen sozialen Kontext.[223]

Ab den Fünfzigerjahren breitete sich die von Norbert Wiener, Claude Shannon und Warren Weaver im angelsächsischen Raum eingeführte Kybernetik als neue Wissenschaft aus und wurde zum internationalen Phänomen, das kulturelle Modelle, Grenzen zwischen Fachgebieten und traditionelle Kommunikationssysteme infrage stellte. Im Zeitalter von Automatisierung, Programmierung, Kybernetik, Standardisierung und Serienproduktion schien auch die Rolle des Künstlers zur Diskussion zu stehen. Letztendlich sprach sich Nestler sowohl als Planer als auch in seiner institutionellen Rolle als Dozent und Präsident der Akademie für Kreativität und Subjektivität aus, wobei er sich bewusst war, dass viele das subjektive, individuelle und kreative Schaffen als den Anforderungen einer hochtechnisierten Massengesellschaft nicht angemessen betrachteten. Nestler glaubte weniger an die „Schönheit der Technik" als an den Nutzen der Technik im Dienst des Menschen, an die Einzigartigkeit des Kunstwerks und an den Wert handwerklicher Arbeit, wie seine Projekte bestätigen.

Wahrnehmung, Abstufung, Komposition: die Farbe

In den Fünfzigerjahren rückte die Farbe mit ihren vielfältigen ästhetischen und symbolischen Bedeutungen in den Mittelpunkt von Architektur, im Hochbau wie beim Design, bei Konservierung und Restaurierung. Mit Farbplänen für die historischen Stadtzentren, Farbuntersuchungen, Farbsystemen für Industrieprodukte und Farbstudien unter perzeptiven und psychoanalytischen Gesichtspunkten wurde dem Faktor Farbe eine Rolle als wesentlicher Parameter in der Wahrnehmung und der Gestaltung des Raums beigemessen, vor allem auf dem Gebiet der Innenarchitektur. Nestlers Interesse für Farbe und ihren Gebrauch ging auf seine Kindheit zurück: Seine erste Begegnung mit Farbe fand statt, als Paolo im Vorschulalter begann, sich in der Werkstatt seines Vaters mit ihrem Gebrauch im Textildesign vertraut zu machen.[224]

Der Farbe mit ihren vielfältigen kompositorischen und kommunikativen Funktionen kam eine wesentliche Rolle in Nestlers Entwurfsarbeit zu. Konferenzen, Schriften, Zeichnungen und Farbkonzepte bezeugen, welche Bedeutung er ihr in seiner Arbeit beimaß und wie sensibel er Farbkombinationen handhabte. Für Paolo Nestler war die Farbe ein grundlegendes Instrument in der Hand des Architekten, mit dem er sich notwendigerweise auseinandersetzen musste, das studiert, analysiert und mit den weiteren Variablen eines Projekts (Form, Geometrie, Funktion, Dimension etc.) verknüpft werden musste. In diese Auseinandersetzung war der Mensch, der Farben wahrnimmt und farbige Räume bewohnt, miteinzubeziehen. Für Paolo Nestler wirkte sich das Erleben von Farbe stark auf die Psyche, den Organismus und das Verhalten des Menschen aus; überdies bestimmte es die Beziehung des Menschen zu seiner Umwelt, sei sie natürlich oder künstlich, architektonisch oder urban.[225]

Im April 1978 sprach Nestler über Licht und Farbe als entscheidende Faktoren für das Erleben von Architektur: Die Begrenzung, die Struktur und die Messbarkeit des Raums, aber auch das Klima und die Handlungsmöglichkeiten im Gebäude hingen von diesen Faktoren ab und würden von ihnen beeinflusst.[226] Es wäre bekannt, dass Farbe eine subjektive Komponente sei und objektive Werte umfasse, also imstande sei, die körperliche Reaktion des Individuums zu beeinflussen. Ausgehend von diesen Prämissen stellte Nestler die Frage, wie sich der Architekt verhalten solle, wenn er dem Problem der Innengestaltung eines Gebäudes gegenüberstehe. Die Antwort setzte bei der Vorstellung an, dass die Raumwahrnehmung des Menschen additiv ist und jeder in den Raum, in dem er lebt und arbeitet, Erinnerungen, Träume und Wünsche mitbringt. Im Idealfall versuche der Architekt, etwas einzubringen, das diese Erinnerungen anregen könne. Konkret bedeutete dies, dass Nestler, von den natürlichen Grundfarben ausgehend, eine Reihe von Farbvariationen und -abstufungen zusammenstellte, wie sie in der Landschaft zu finden sind. Dieser Farbreihe entnahm er einige Hauptfarben und führte zu diesen Farbtönen und ihrer Wechselwirkung weitere Studien durch. Schließlich verteilte er sie nach einem genauen Schema im Inneren des Gebäudes, unter Berücksichtigung der Beziehungen von Form und Farbe.[227]

Farbskizze, 1960

In einem Text von 1987 mit dem Titel „Über die Farben“ kehrte Nestler zu diesen Themen zurück und näherte sich den Farben und ihrer Wahrnehmung erst unter technischen Gesichtspunkten und dann auf der praktischen

Projektebene an. Ausgehend von der Erinnerung an die vorherrschenden Farbtöne in einigen italienischen Städten analysierte Nestler die Rolle und die Bedeutung von Farbe für die Städte und die Architektur aller Epochen.[228] Jede Epoche hätte ihre eigene Antwort auf das Thema Farbe gefunden, die niemals Zufall oder Willkür überlassen war, sondern immer von präzisen Normen und Vorschriften geregelt wurde. Im 18. und 19. Jahrhundert rückte mit Johann Wolfgang von Goethe, Heinrich Hübsch und Gottfried Semper die Polychromie in den Mittelpunkt der theoretischen Debatte und des architektonischen Projekts. Und heute? „Wir, heute, sind unsicher geworden und zwar gerade dort, wo alte Farbstrukturen vorgefunden werden und wir uns mit unseren neuen Formen darstellen oder dazwischenschieben. Wie komponiert man dort, wo Neues entsteht? Moduliert man Tonvariationen mit gleicher Helligkeit oder Dunkelheit? Wählt man Farbkontraste für den Zusammenhang einer ganzen Straßenfront oder Platzwand? Und wenn Kontraste, wie gleich und sensibel ihre Helligkeit, wie ihre Dunkelheit? Wer gibt uns Hinweise? Die Landschaft, das Klima, die Menschen, die Gewohnheit? Stemmen wir uns gegen Symbole und Zeichen aus Zeiten, die nicht mehr die unseren sind? Oder sagen wir einfach: So machen wir das eben? Weil es uns gefällt oder weil wir das Ganze für einen Akt der Kunst halten?“[229]

Nestler führte sein Projekt für die Allianz-Versicherung in Stuttgart als gute Antwort auf die gestellten Farbfragen an, um dann seine Kompositionsmethode zu illustrieren: „Ich [ziehe] in Betracht: die Architektur des Gebäudes, ihr Umfeld, die Landschaft, die Stadt, das Klima, die Funktionen, das Wissen um die Psyche der in bestimmten Situationen sich befindlichen Menschen, das Wissen um so etwas wie eine Gruppen- oder soziale Wahrnehmung, das Wissen um farbpsychologische Gesetzlichkeiten. Ich entwickle zunächst ‚spielerisch' mit Aquarellfarben informelle Farbkompositionen, wie man sagt, ‚ganz emotional'. Aus diesen kleinen Aquarellblättern destilliere ich sozusagen aus einer ‚Grundstimmung', die bereits den Farbrahmen für das ganze darstellt, durch Aufhellungen und Abdunkelungen einzelne Bereichsfarben, die in Primär-, Sekundär- und Tertiärfarben unterteilt werden.“[230]

[Seite 209]

Er fügte hinzu, dass es viele Methoden für die Entwicklung von Farbkonzepten gäbe, die jedoch alle davon ausgehen müssten, dass Farben im Inneren eines Gebäudes einen „semantischen“ Wert und eine reale Wirkung auf das Wohlbefinden und das Verhalten der Benutzer

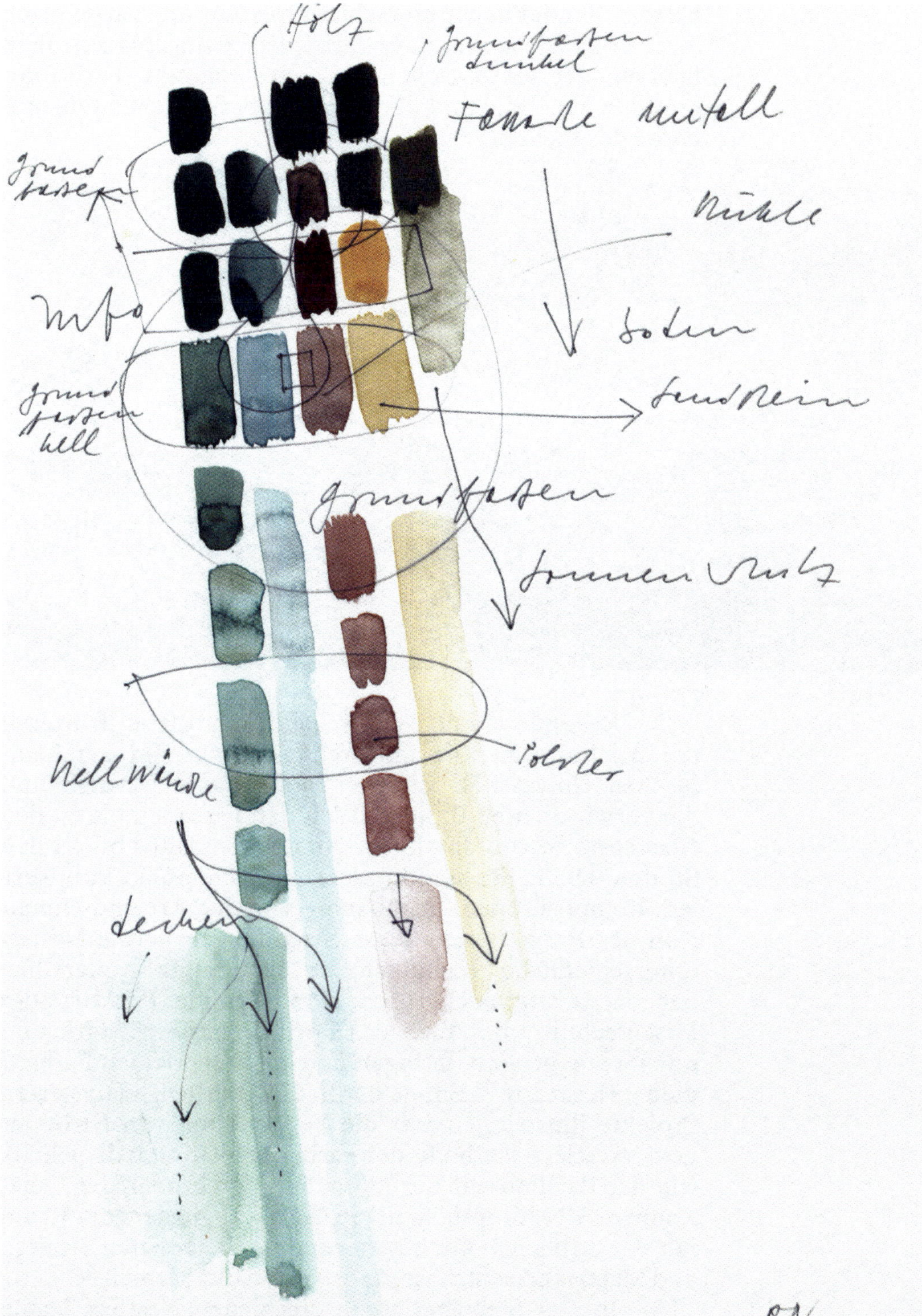

Allianz-Versicherung, Stuttgart, Farbkonzept, 1980

hätten. Schließlich unterschied Nestler die Farbe nach ihrer Lokalisierung: „Raumfarbe. Farbe der Begrenzungsflächen, der tektonischen Teile des Raumes. Farbe der beweglichen Teile und der im Raum befindlichen Objekte, Farbe des Lichtes“.[231]

Audi 100, 1976

Besonders gut veranschaulichen diese Konzepte die Zeichnungen, die im Architekturmuseum der Technischen Universität München aufbewahrt werden, und die verwirklichten Projekte. Von den Fassaden bis zu den Glasfenstern, von den Innenräumen von Autos bis zu den Stoffen: Die Farbe stand immer im Mittelpunkt von Nestlers Kompositionen, unabhängig von der Art und Dimension des Projekts. Für diese Zeichnungen nutzte Nestler unterschiedliche Techniken; er bevorzugte Aquarellfarben, setzte aber auch Tusche, Pastellkreide, Filzstift oder Mischtechnik ein. Auch das Format variierte stark und reichte von großen, farbigen Tafeln bis zu kleinen Farbstudien [Seite 207, 212].[232] Einige der in diesem Buch analysierten Projekte illustrieren, was die Verwendung von Farbe angeht, Nestlers Methode der Farbkomposition beispielhaft, wie der Pavillon auf der Messe in Zagreb oder der Quiet Room im UN-Hauptquartier in New York, in dem der Raum mit der farblichen Orchestrierung der diagonalen Streifen und Materialien eine fast grafische Qualität erhielt.[233]

In den Siebzigerjahren erschienen Nestlers Name und seine Theorien, Reflexionen und Farbexperimente in zahlreichen Zeitungen: Zwischen 1975 und 1976 lancierte Audi zwei neue Modelle, für deren Design Nestler als Berater zusammen mit einem von ihm geleiteten

Expertenteam verantwortlich war. Die Presse besprach das als einen „ungewöhnliche[n] Vorgang: [...] eine Automobilfabrik engagiert einen Innenarchitekten, der das Auto behandelt wie einen Kleinraum, in dem sich die Menschen für ein paar Stunden richtig wohl fühlen sollen".[234] Es handelte sich um unterschiedliche Autos für verschiedene Zielgruppen: ein sportliches, günstiges Modell für junge Leute (Audi Junior) und das neue Flaggschiff, den Audi 100 C2, in dem „Nestler [...] alles genau aufeinander abstimmte: Material, Farben, Ausstattung, Innen- Außenfarben".[235] Für den Innenraum hatte Nestler schmeichelnde Farben gewählt, die für optische Weite sorgen. Für das Äußere wurde eine Farbpalette in Braun-, Blau-, Orange- und Grüntönen entwickelt [Seite 210]. Wie auch in seinen Räumen bevorzugte Nestler natürliche Farbtöne und lehnte grelle Farbkontraste ab. Er war auch dafür verantwortlich, dass anfangs kein kräftiges Rot für den neuen Audi lieferbar war: Seiner Meinung nach bewirkte Rot Aggressionsreize.[236]

Polo Junior, 1975

Auch beim günstigeren Modell, an dessen Entwurf eine Gruppe von Lehrlingen, Schülern und Studenten zwischen 16 und 21 Jahren unter der Leitung von Paolo Nestler arbeitete,[237] wurden Pop- und Signalfarben verworfen und letztlich ein Mattlack in Rostrot gewählt [Seite 211], was Nestler so kommentiert: „Ob Mattlack billiger wäre, kann ich nicht beurteilen. Am billigsten wäre, gar nicht zu lackieren – rosten zu lassen. Wichtig scheint ein ästhetisches Problem: Die Jungen wollen keinen Perfektionismus. Es darf nichts auffallen – deshalb Mattlack."[238] Neu sind auch die Farben im Innenraum, die dem neuen visuellen

Farbskizze, 1956

Audi-Gesamtkonzept von Nestler angeglichen werden, mit hellem, grobem Segeltuch.[239] Für den VW Polo Sprint, ebenfalls 1976 von Nestler entworfen, wurde Weiß als Grundfarbe für das Äußere ausgesucht, im bewussten Kontrast zum damals modischen Schwarz.[240]

In der Welt des Automobilbaus der Siebzigerjahre wurde Nestler als der Prophet der neuen „weicheren" Welle bezeichnet, dessen Botschaft lautete: „Versöhnung. Versöhnung der Autos mit der Natur. Versöhnung der Menschen mit den Autos. Und hinweg mit der Aggressivität von gestern. [...] Er verbannt die Signalfarben und ersetzt sie durch die Mischtöne des Feldes und des Waldes, zwecks Anpassung der Autos an die Natur. Und er vertreibt das harte Schwarz aus den Innenräumen, zwecks Wandlung des Cockpits zur Wohnlandschaft."[241]

Anhang

Kurzbiografie

Paolo Nestler machte als einer der besten Schüler eines staatlichen Gymnasiums in Bergamo Abitur, begann 1939 sein Architekturstudium am Polytechnikum Mailand und wurde schon 1940 zum Kriegsdienst eingezogen. Die Kriegserfahrung prägte Nestler zutiefst, nicht nur wegen seiner schweren Verletzungen, sondern auch, weil sie den Abschied aus Italien bedeutete. Erst nach Kriegsende, als er endgültig nach München zog, konnte er sein Studium wiederaufnehmen, das er 1948 an der dortigen Technischen Hochschule abschloss. Um seinen Lebensunterhalt und das Studium zu finanzieren, spielte er Klavier in verschiedenen Lokalen in Schwabing, wo er in einer kleinen Mansarde wohnte.

Im Jahr 1949 eröffnete er in München sein Architekturbüro und begann erfolgreich, freiberuflich zu arbeiten. Der erste bedeutende Auftrag war die Erweiterung und Gestaltung des Deutschen Museums, auf die zahlreiche weitere öffentliche und private Aufträge folgten, die den Entbehrungen der Nachkriegszeit ein Ende setzten. Anlässlich einer 1980 in München organisierten Einzelausstellung mit dem Titel „Ergebnisse" präsentierte Nestler dem Publikum Arbeiten aus drei Jahrzehnten planerischer Tätigkeit: Sein Werk umfasst Möbel und Wohnkomplexe, Ausstellungspavillons und Einfamilienhäuser, Konferenzsäle und U-Bahn-Stationen. Trotz unterschiedlicher Dimensionen und Zweckbestimmungen zeichnen sich seine Entwürfe stets durch die besonders Sorgfalt aus, die er der Innengestaltung, den Materialien, dem Licht und den Farben zukommen ließ. Nestler war vor allem in München tätig, aber auch weit darüber hinaus: In Prag, Wien, Mailand, Rom, Montreal und New York behaupteten sich seine innenarchitektonischen Entwürfe auch im internationalen Kontext.

Ab 1960, als ihm der Lehrstuhl für Raumgestaltung und Textilentwurf an der Akademie der Bildenden Künste in München anvertraut wurde, widmete sich Nestler neben seiner Arbeit als Architekt der Lehrtätigkeit. Von 1966 bis 1969 war er Präsident der Akademie. Im Jahr 1985 emeritierte er und wurde später Ehrenmitglied der Akademie. Er engagierte sich während seiner Lehrtätigkeit für die Einrichtung des Studiengangs Innenarchitektur an der Akademie, der 1978 in Zusammenarbeit mit dem Kultusministerium und der Technischen Universität eingeführt wird. Neben seiner Tätigkeit als Architekt, Designer und Hochschullehrer widmete er sich der publizistischen Arbeit, die 1954 mit dem Buch „Neues Bauen in Italien“ begann und sich mit einer Reihe von Schriften über die zeitgenössische Architektur in Italien und Deutschland fortsetzte. Insbesondere sind das 1976 zusammen mit dem Architekten und Architekturkritiker Peter M. Bode veröffentlichte Buch „Deutsche Kunst seit 1960: Architektur“ sowie zahlreiche Artikel zu nennen, die in verschiedenen Fachzeitschriften erscheinen.

Im Jahr 1979 zog Nestler zusammen mit seiner Frau, der Dichterin Maria Dobernigg, nach Berg am Starnberger See, wo er bis zu seinem Tod am 6. April 2010 lebte. Im Laufe seiner Karriere wurde er unter anderem mit folgenden Preisen ausgezeichnet: Grand Prix für die Gestaltung der deutschen Abteilung der Triennale 1964, BDA-Preis Bayern (Bund Deutscher Architekten, Landesgruppe Bayern) 1975, Junior-Preis Kunst und Architektur (zusammen mit Günter Fruhtrunk) 1978, Preis Ziegeldach im Städte- und Wohnungsbau 1981. Darüber hinaus verlieh ihm die Bundesrepublik Deutschland 1997 das Bundesverdienstkreuz für seine Verdienste als Hochschullehrer, Architekt, Designer, Ausstellungsmacher und Verfasser wichtiger Schriften.

Nachlass

Im Architekturmuseum der Technischen Universität München befindet sich der Nachlass Paolo Nestlers, den der Architekt selbst zwischen 2008 und 2010, noch vor seinem Tod, dem Museum übergeben hat und der sich bis zur Schenkung in seinem Haus in Berg befand. Er umfasst Material zu seiner beruflichen Tätigkeit, die er ab 1949, dem Jahr, in dem er sein eigenes Architekturbüro gründete, bis in die Neunzigerjahre in München ausübte. Darüber hinaus besitzt das Archiv der Technischen Hochschule München, an der Nestler von 1942 bis 1948 studierte, einige Dokumente bezüglich seiner Studienzeit: die Einschreibung, die Aussetzung der Immatrikulation während des Kriegs, Informationen zu seinen Dozenten, zu den belegten Fächern, abgelegten Prüfungen und Prüfungsergebnissen. Eine weitere umfassende Sammlung von Dokumenten befindet sich im Archiv der Akademie der Bildenden Künste in München, an der Nestler von 1960 bis 1985 lehrte. Neben den Personalakten, darunter die Einstellungsbestätigung, die Ruhestandsbescheinigung sowie verschiedene Verwaltungs- und Personaldokumente und Zeitungsausschnitte handelt es sich um Informationen über die Lehrtätigkeit und die Zeit als Präsident der Akademie. Eine kleine Sammlung von Materialien befindet sich darüber hinaus im Architekturbüro npn-perseus, das von Nestler gegründet und 1996 von dem Architekten Rupert Perseus (gestorben 2017), dem ehemaligen Mitarbeiter und Partner Nestlers, übernommen wurde.

Der Bestand des Architekturmuseums setzt sich aus ca. 150 Archivalieneinheiten zusammen, die zwischen 1934 und 2010 zu datieren sind, und versammelt vor allem originale Schriften und Zeichnungen Nestlers sowie in Zeitungen und Zeitschriften erschienene Artikel, die direkt auf seine Lehrtätigkeit und Arbeit als Architekt und Designer zurückzuführen sind. Unter den Dokumenten sind Zeichnungen, die sich hinsichtlich Bildträger, Technik, Art und Dimension stark unterscheiden, Fotomaterial zu den verwirklichten Projekten, Broschüren, Ausschnitte aus Zeitungen und Zeitschriften, Briefe, maschinengeschriebene Texte, Manuskripte und Korrespondenz aller Art. Das Material bezieht sich auf einen Zeitraum von etwa fünfzig Jahren und illustriert die wichtigsten Stationen von Nestlers kreativem und beruflichem Werdegang: von den ersten Zeichnungen im Vorschulalter bis zu den renommierten Auszeichnungen am Ende seiner Laufbahn. Allerdings ist der Bestand nicht vollständig. Er enthält nicht alle Arbeiten Nestlers, und viele Projekte sind nur teilweise oder kaum dokumentiert. So sind zum Beispiel von vielen Entwürfen keine Pläne erhalten, sondern nur Fotos. Das heißt, der Nachlass vermittelt uns nur ein partielles Bild von Nestlers Werk und muss durch andere Archivquellen ergänzt werden. Dennoch ist er eine Fundgrube für Informationen über einen wenig bekannten Architekten und enthält vor allem eine Menge unveröffentlichtes und perfekt erhaltenes Material. Viele Skizzen, Farbstudien und freie Zeichnungen mit unterschiedlichen Sujets spiegeln die Interessen dieses Architekten und Künstlers wider, der zwischen Pinseln und Farben aufwuchs und Techniken wie Buntstift, Tinte und Aquarell meisterhaft beherrschte [Seiten 236–255].

Auch die Bibliothek des Architekten, die sich bis zum Tod seiner Frau Maria Dobernigg in ihrem Haus in Berg befand, wurde leider auseinandergerissen. Die Bücher und Zeitschriften dokumentierten Nestlers weit gestreute Interessen und seine Fähigkeit, sich zwischen unterschiedlichen Fächern und Spezialgebieten zu bewegen: von der Architektur- und Kunstgeschichte bis zu Zeichnung und Malerei, Skulptur und Ornamentik. Unter den Fachbüchern waren Publikationen über Konstruktion, Materialkunde, Ausstellungsarchitektur sowie Veranstaltungs- und Theaterarchitektur, aber auch Innenarchitektur und Inneneinrichtung, Möbel und Stoffe. Nestler hatte zudem eine Reihe von italienischen und deutschen Architekturzeitschriften abonniert. Außerdem interessierte er sich für Theater, Musik, zeitgenössische Kunst, Philosophie und Literatur, wie die vielen Klassikerausgaben bezeugten, darunter Homer, Honoré de Balzac, Fjodor Dostojewski, James Joyce, Miguel de Cervantes, Thomas Mann, Italo Svevo und Luigi Pirandello.

Endnoten

1 Cianciolo Cosentino, Gabriella: Nachkriegsverluste: Paolo Nestlers verschwundene Architektur. In: *Marburger Jahrbuch für Kunstwissenschaft* 47, 2020, S. 245–272

2 1928 gründete Gio Ponti *domus*, eine der wichtigsten italienischen Zeitschriften für das zeitgenössische Wohnen, und leitete von 1941 bis 1947 *Stile di*, die von ihm ebenfalls 1928 gegründete Zeitschrift für Architektur, Kunst und Einrichtung. Vgl. Rostagni, Cecilia (Hrsg.): Gio Ponti, Stile di. Milano 2016

3 Bignami, Silvia (Hrsg.): „Aria d'Italia" di Daria Guarnati. L'arte della rivista intorno al 1940, Milano 2008; Rostagni, Cecilia: Gio Ponti, Daria Guarnati e *Aria d'Italia:* letterati, artisti e architetti sulle pagine di una rivista. In: *Studi e Ricerche* 08, 2020, S. 86–95

4 Noch heute wird – nicht nur unter Fachleuten, sondern in allen Bereichen von Kultur und Wissenschaft – diskutiert, ob man von einem radikalen Bruch mit der Vorkriegszeit oder im Gegenteil von einer Kontinuität zwischen Drittem Reich und Bundesrepublik sprechen kann. Vgl. dazu Nerdinger, Winfried (Hrsg.): Architektur der Wunderkinder. Aufbruch und Verdrängung in Bayern 1945–1960, Ausst.-Kat. München 2005

5 Schulz, Bernhard (Hrsg.): Grauzonen, Farbwelten. Kunst und Zeitbilder 1945–1955. Ausst.-Kat. Berlin 1983; Glaser, Hermann: So viel Anfang war nie. Deutsche Städte 1945–1949. Berlin 1969

6 Nach dem Krieg wurde Ernesto Nathan Rogers Chefredakteur der Zeitschrift *Casabella* und fügte ab der Nummer 199 vom Dezember 1953/Januar 1954 (der ersten der neuen Serie) dem Titel das Wort „continuità" hinzu. Dieser Begriff, der vielfältige Bedeutungen angenommen hat, verdeutlichte die neue ideologische Linie der Zeitschrift. Zur Nachkriegsarchitektur im Zeichen dieser Kontinuität, die von der Gruppe BBPR angestrebt und von Rogers theoretisch vertreten wurde, existiert eine umfassende Bibliografie. Siehe zum Beispiel López Reus, Eugenia: Ernesto Nathan Rogers y la arquitectura de la „continuità". Pamplona 2002; sowie das Heft *Rassegna di architettura e urbanistica*, das Rogers gewidmet ist, 115/116, Januar–August 2005

7 Für einen Überblick über die italienische Architektur der Nachkriegszeit siehe Tafuri, Manfredo: Storia dell'architettura italiana 1944–1985. Torino 1982; Belluzzi, Amedeo; Conforti, Claudia: Architettura italiana 1944–1984. Roma/Bari 1985

8 Alfred Paul Nestler, ein Mann mit einer starken Persönlichkeit, wollte nicht, dass sein Sohn Paolo einen italienischen Pass bekam, obwohl er in Italien geboren und aufgewachsen war. Paolo hatte immer eine konfliktgeladene Beziehung zum Vater, die von Rivalität und persönlichen Auseinandersetzungen geprägt war. Für die Informationen persönlicher und familiärer Natur in diesem Buch danke ich Maria Dobernigg Nestler, die mir die in ihrem Besitz befindlichen Materialien und Informationen über das Leben und Werk ihres Mannes großzügig zur Verfügung gestellt hat.

9 Brief von Paolo Nestler an Max Streibl, 21. August 1995 (Nachlass Nestler, Architekturmuseum TUM)

10 Wichmann, Siegfried: Alfred Paul Nestler und die Textilkunst der 20er Jahre 1888–1974. In: Wichmann, Siegfried (Hrsg.): 20er Jahre. Drei Künstler: J. Wackerle, E. Pfeiffer, A. P. Nestler. Ausst.-Kat. München 1977, S. 20–27

11 Siehe Nestler, Paolo: Über die Farben. Typoskript, datiert 18. Mai 1987 (Nachlass Nestler, Architekturmuseum TUM)

12 BBPR ist der Name einer 1932 gegründeten italienischen Architektengruppe, die dem Razionalismo zugerechnet wird. Das Kürzel entstammt den Nachnamen ihrer vier Mitglieder, die alle am Polytechnikum in Mailand studiert hatten: Gian Luigi Banfi, Lodovico Barbiano di Belgiojoso, Enrico Peressutti, Ernesto Nathan Rogers.

13 Über die italienische „museological revolution" vor und nach dem Zweiten Weltkrieg siehe: Pagano, Giuseppe: Parliamo un po' di esposizioni. In: *Casabella Costruzioni* XIX, 159/160, März/April 1941, o. S.; Aloi, Roberto: Esposizioni: Architetture – Allestimenti, Milano 1960; Falguières, Patricia: Politics for the White Cube: The Italian Way. In: *Grey Room* 64, 2016, S. 6–39. Über Albinis Ausstellungsarchitektur siehe: Bucci, Federico; Rossari, Augusto (Hrsgg.): I musei e gli allestimenti di Franco Albini. Milano 2005; Lecce, Chiara: Franco Albini e il progetto dell'effimero (1936–1958): le fonti d'archivio come tracce dell'evoluzione di un metodo. In: *AIS/Design. Storia e ricerche* 10 (www.aisdesign.org/aisd/franco-albini-progetto-effimero)

14 Amtsärztliches Zeugnis, Gesundheitsamt München, 13.07.1961 (Personalakten Nestler, Archiv Akademie der Bildenden Künste München)

15 Unter den Studentenakten Nestlers, die im Archiv der Technischen Universität München aufbewahrt werden, befinden sich neben dem Anmeldebogen, den Verzeichnissen der belegten Vorlesungen und Übungen und den Zeugnissen von Prüfungen die Personalblätter mit den Zertifikaten, die die arische Abstammung der Familie belegen (Ahnennachweis) und einige Dokumente zur Mitgliedschaft in Organisationen und Parteien. Vom 1933 bis 1940 war Nestler Mitglied der Hitlerjugend, vom 1943 bis 1945 des NSDStB (Nationalsozialistischer Deutscher Studentenbund) (vgl. Studentenakten Nestler, Archiv TUM)

16 Mit dem Abschluss in Architektur erhielt Nestler den akademischen Titel Diplom-Ingenieur, mit einem Notendurchschnitt von 2,3 und der abschließenden Beurteilung „gut" (Studentenakten Nestler, Archiv TUM). Das Thema seiner Diplomarbeit, deren Zeichnungen nicht erhalten sind, war ein Projekt für ein Landerziehungsheim.

17 Neben den spezifischen Fächern des Architekturstudiums mussten die Studierenden bis zum Diplom auch allgemeinbildende und humanistische Fächer belegen (wahlweise Kunst, Geschichte, Philosophie, Soziologie, Geografie, Sprachen, Literatur), und zwar in jedem Semester mindestens eine Stunde in der Woche. Unter den Dokumenten zu Nestlers Lehrtätigkeit an der Akademie der Bildenden Künste befindet sich ein

maschinengeschriebener Text vom 24. Juli 1961 unter dem Titel „Personalverhältnisse Prof. Paolo Nestler" mit einem kurzen Lebenslauf („An das Bayerische Staatsministerium für Unterricht und Kultus", Nr. 2017, vom 24.07.1961, Personalakten Nestler, Archiv Akademie der Bildenden Künste München). Zur Geschichte der Architekturschule von München siehe Nerdinger, Winfried; Blohm, Katharina (Hrsgg.): Architekturschule München 1868 – 1993 – 125 Jahre Technische Universität München. München 1993, S. 111

18 Nestler erwähnt Vorhoelzer, Elsaesser und Döllgast: Hochschuldiplom in München 1948 bei Prof. Vorhoelzer (Lehrer: Döllgast und Elsaesser) in einem 1995 geschriebenen Lebenslauf (Personalakten Nestler, Archiv Akademie der Bildenden Künste München).

19 Über Robert Vorhoelzer vgl. Aicher, Florian; Drepper, Uwe (Hrsgg.): Robert Vorhoelzer – ein Architektenleben. Die klassische Moderne der Post. München 1990

20 Informationen über Leben und Werk von Martin Elsaesser finden sich in: Martin Elsaesser, Bauten und Entwürfe aus den Jahren 1924–1932, 2 Bd. Berlin 1933; Lempp, Rudolf: Martin Elsaesser. In: *Schwäbische Heimat* 05, 1957, S. 184; Spitzbart-Maier, Elisabeth: Die Kirchenbauten Martin Elsaessers und ihre Voraussetzungen in der protestantischen Kirchenbautheorie und Liturgiediskussion. Stuttgart 1989; Schmidt, Dietrich W.: Martin Elsaesser 1884–1957 – ein individualistischer Baukünstler und der überindividuelle Rationalismus in der Industriegesellschaft. In: Kozok, Maike (Hrsg.): Architektur, Struktur, Symbol. Streifzüge durch die Architekturgeschichte von der Antike bis zur Gegenwart. Petersberg 1999, S. 447–458; Schilling, Jörg: Ambivalenzen der Moderne. In: *Archithese* 05, 2007, S. 98–100; Elsaesser, Thomas u.a. (Hrsgg.): Martin Elsaesser und das Neue Frankfurt. Tübingen 2009

21 Über Hans Döllgast siehe Nerdinger, Winfried: Hans Döllgast – Außenseiter der modernen Architektur. In: Gaenßler, Michael; Friedrich Kurrent (Hrsgg.): Hans Döllgast 1891–1974. Ausst.-Kat. München 1987, S. 16–23 (hrsg. von TU München/BDA Bayern); Kinold, Klaus; Stock, Wolfgang Jean: Hans Döllgast. Schöpferische Wiederherstellung – Creative Reconstruction. Hans Döllgast – Karljosef Schattner – Josef Wiedemann. Ausst.-Kat. München 2018; siehe auch die Ausgabe von *Casabella* über Hans Döllgast (943, März 2023)

22 Fleckenstein, Joachim Otto: Hundert Jahre Lehre und Forschung. In: Technische Hochschule München 1868–1968. München 1968, S. 95

23 In der direkten Nachkriegszeit wird die Technische Hochschule München von der Persönlichkeit Hans Döllgasts dominiert, einem Architekten, der eine Vielzahl von Fächern lehrte: Zeichnung, Perspektive, Vermessung, Entwurf und Stadtplanung. Seine Bedeutung als Hochschullehrer beruht vor allem darauf, dass er in der Lage war, eine umfassende architektonische Ausbildung zu vermitteln, sodass die Architektur aus einer Gesamtheit von Wissen und Fähigkeiten sowohl aus der Vergangenheit wie der Gegenwart hervorging, in einem holistischen Planungs- und Denkprozess. Zit. nach: Nerdinger/Blohm: Architekturschule, 1993 (wie Anm. 17), S. 20

24 Die ersten Zeichengeräte im Besitz von Nestler waren ein Geschenk von Döllgast (für diese und weitere biografische Einzelheiten und persönliche Informationen sei seiner Frau Maria Dobernigg gedankt).

25 Weise, Peter: Möbel und Innenräume. In: Gaenßler/Kurrent: Döllgast, 1987 (wie Anm. 21), S. 188–205

26 Nestlers Bibliothek, die bis zum Tod seiner Frau am 10. Dezember 2013 im gemeinsamen Haus in Berg aufbewahrt wurde, belegte seine umfassende Bildung und eine intellektuelle Neugier, die von Musik und Literatur bis zu Kunst und Architektur schweifte.

27 Um sein Studium zu finanzieren, nutzte Nestler seine musikalischen Fähigkeiten und spielte in einem Schwabinger Lokal Klavier.

28 Klee, Felix (Hrsg.): Tagebücher von Paul Klee 1898–1918. Köln 1964, S. 54

29 Über die Akademie der Bildenden Künste von München in den Zwanzigerjahren vgl. Krämer, Steffen: Die Münchner Kunstakademie in den 1920er Jahren. In: Ruppert, Wolfgang; Fuhrmeister, Christian (Hrsgg.): Zwischen deutscher Kunst und internationaler Modernität. Formen der Künstlerausbildung 1918 bis 1968. Weimar 2007, S. 19–35

30 Nerdinger, Winfried: Fatale Kontinuität: Akademiegeschichte von den zwanziger bis zu den fünfziger Jahren. In: Zacharias, Thomas (Hrsg.): Tradition und Wiederspruch. 175 Jahre Kunstakademie München. München 1985, S. 179–203

31 Ebenda, S. 196

32 Fastert, Sabine: Im Kampf gegen die Abstrakte Kunst. Vergebene Chancen 1945 bis 1959. In: Ruppert/Fuhrmeister: Künstlerausbildung 2007 (wie Anm. 29), S. 72

33 Thomas Zacharias, Künstler und Kunsthistoriker, lehrte von 1966 bis 1995 an der Kunstakademie München.

34 Die im Archiv der Akademie aufbewahrten Dokumente nennen den 1. November 1960 als Datum, an dem Paolo Nestler offiziell unter Vertrag genommen wurde, während er am 1. Dezember seine Tätigkeit als Professor aufnahm.

35 Ich danke Franz Xaver Lutz, einem Schüler Hillerbrands und Nestlers Assistent, der von 1978 bis 1999 an der Akademie Gestaltung von Funktionsobjekten im Innen- und Außenraum lehrte, für die interessanten Informationen und wertvollen Zeugnisse.

36 G. Heusch (Dipl.- Ing.) in einem Brief an Nestler, Aachen, 22. Juni 1985 (Nachlass Nestler, Architekturmuseum der TUM)

37 Celant, Germano: Complessità italiana. In: Zamboni, Giovanna: Il modo italiano. The Italian manner. Ausst.-Kat. Los Angeles 1983, S. 14

38 Nestler, Paolo: Akademie und Gesellschaft. Vortrag anlässlich der Dreijahresfeier der Akademie der Bildenden Künste in München am 17. Januar 1967, München 1967. Sein Vortrag wurde in gekürzter Form unter dem Titel „Künstler in der Gesellschaft von morgen“ in der Zeitschrift *Die Kunst und das schöne Heim* veröffentlicht (65, 1967, S. 328f.); und ist in ganzer Länge unter dem Titel „Akademie und Gesellschaft“ in der dritten Ausgabe der Zeitschrift des Deutschen Werkbunds erschienen (*Werk und Zeit* 03, 1967, S. 1f.)

39 Ebenda

40 Ebenda

41 Gieselmann, Reinhard; Ungers, Oswald Mathias: Zu einer neuen Architektur, 1960. In: Conrads, Ulrich (Hrsg.): Programme und Manifeste zur Architektur des 20. Jahrhunderts (= Bauwelt Fundamente Bd. 1). Braunschweig 1975, S. 158

42 „Bitte nichts Schlechtes über den Kanzler-Bungalow“. Prof. Paolo Nestler spricht in der Feier der Akademie der Bildenden Künste. In: *Münchner Merkur*, 18. Januar 1967

43 Idealentwurf für eine Akademie von morgen. Aus dem Vortrag „Akademie und Gesellschaft“ von Paolo Nestler in München. In: *Süddeutsche Zeitung*, 18. Januar 1967

44 Altenbuchner, Klaus: Innenarchitektur an der Akademie der Bildenden Künste München seit 1946. In: Gerhart, Nikolaus; Grasskamp, Walter; Matzner, Florian (Hrsgg.): 200 Jahre Akademie der Bildenden Künste München. Ausst.-Kat. München 2008, S. 365

45 Ein Artikel beschreibt den Aufruhr und die Gewaltakte an der Akademie und spricht von etwa zehn Millionen Mark Schaden als Folge des Vandalismus. Der Artikel führt aus, dass Nestler sich weigerte, den Studierenden, die an den Unruhen beteiligt waren, den Zutritt zu verwehren, mit der Begründung, dies sei pädagogisch falsch. „Karl Köbelin, Kultusminister rügt Kunstakademie. Landtag verurteilt die Ausschreitungen – Wer kommt für den Schaden auf?“ In: *Süddeutsche Zeitung*, 7. Juli 1969

46 Nestler, Paolo: Offizielles Rücktrittsschreiben, 14. Juli 1969 (Nachlass Nestler, Architekturmuseum TUM). Siehe auch: Ude, Christian: Akademiepräsident begründet Rücktritt. Paolo Nestler: Dirigistische Ordnungseingriffe des Kultusministeriums. In: *Süddeutsche Zeitung*, 15. Juli 1969

47 Müller, Andreas: „Viele Wege, kein Ausweg“. In: *Abendzeitung* Feuilleton, 14./15./16. August 1970

48 Schuldenfrei, Robin (Hrsg.): Atomic Dwelling. Anxiety, Domesticity and Postwar Architecture. London/New York 2012

49 Altenbuchner: Innenarchitektur. In: Gerhart/Grasskamp/Matzner: Akademie, 2008 (wie Anm. 44), S. 362

50 Nestler, Paolo: Einige Erläuterungen zur Ausstellung in der Akademie der Bildenden Künste in München am 10. Juni 1985. Typoskript (Nachlass Nestler, Architekturmuseum TUM)

51 Siehe zum Beispiel Savorra, Massimiliano: Milano 1964. La Triennale del tempo libero. Intersezioni tra arte, comunicazione e design. In: *Casabella* 872, April 2017, S. 41–56

52 Pagano, Giuseppe: Parliamo un po' di esposizioni. In: *Casabella Costruzioni* 159/160, März/April 1941, o. S. (Ich danke Flavia Crisciotti für den Hinweis auf diesen Artikel.) Ähnlich wie die provisorischen Bauten für Messen und Ausstellungen waren auch Lokale wie Bars und Cafés ein wichtiges Versuchsfeld für die Architekten, auf dem sie „ihren Träumen freien Lauf lassen“ und die „Anfänge der modernen Architektur kennenlernen konnten“. (Übersetzung von der Autorin)

53 „Italienische Eiskonditorei Venezia in München“. In: *Baumeister* 11, 1951, S. 756f. Das Café existiert noch, allerdings wurde der Innenraum vollständig umgebaut. Auftraggeber der Eisdielen war ein Italiener namens Giavi, der in München als Gastronom tätig war. (Ich danke Lorena Piccolin für die Information.)

54 „Eiskonditorei Venezia in München“. In: *Baumeister* 07, Juli 1954, S. 445–447

55 Nestler, Paolo: Innenausbauten. In: *Baukunst und Werkform* 07, 1959, S. 359–362

56 Nestler, Paolo: Parfümerie im Rathaus von München. In: *Baumeister* 08, 1962, S. 782f.

57 Nestler: Innenausbauten, 1959 (wie Anm. 55), S. 359f.

58 Auch Gio Ponti führte in der Fakultät für Architektur in Mailand einen Studiengang Innenarchitektur ein. Vgl. Giraldi, Laura: Giò Ponti designer. Ausst.-Kat. Firenze 2007, S. 19

59 Ponti, Gio: Moderno o non moderno, In: *domus* 11, 1933, S. 574; zit. nach: Universo, Mario: Gio Ponti designer. Padova 1936–1941. Roma/Bari 1989, S. 27 (Übersetzung von der Autorin)

60 Karl A. Bieber in einem Beitrag für die Zeitschrift Die Innenarchitektur, 1953

61 In vielen italienischen Kinos sind es die tragenden Elemente aus Beton, die den Kinosälen und Foyers ihre eindrucksvolle Wirkung geben, zum Beispiel im Cinema Metropolitan in Neapel von 1950 oder dem 1953 von Adalberto Libera geschaffenen Cinema Airone in Rom. Siehe: Giusti, Maria Adriana; Caccia, Susanna (Hrsgg.): Cinema in Italia. Sguardi sull'architettura del Novecento. Firenze 2007, S. 94f., 102f.

62 Nestler: Innenausbauten, 1959 (wie Anm. 55), S. 362

63 Nestler, Paolo: Ausstellungen und Architektur: In: *Bauen und Wohnen* 12, Januar 1958, S. 1f. Siehe auch Nestler, Paolo: Ausstellungen und Messen – Situation 1956. In: *Bauen und Wohnen* 10, 1956, S. 435

64 Die Redaktion: Ausstellungsbauten. In: *Bauen und Wohnen* 12, Januar 1958, o. S.

65 Im Entwurf eines Briefs an das Bayerische Staatsministerium für Unterricht und Kultur zur Berufung Nestlers als Professor an die Akademie werden neben innenarchitektonischen Projekten auch seine Ausstellungsbauten in

Mailand, München, Thessaloniki und Zagreb erwähnt. Das von Sep Ruf unterschriebene Dokument wird zusammen mit den Personalakten Nestlers aufbewahrt (Archiv der Akademie der Bildenden Künste München, Berufung eines Professors für Innenarchitektur und Textilentwurf, n. 1465).

66 Ein im September 1972 in der Zeitschrift *Baumeister* erschienener kurzer Kommentar über die Erweiterung des Hauses der Kunst in München mit dem Titel „Erbaut, um abgerissen zu werden?" betonte, dass in den Baukosten der Abriss schon kalkuliert war. Das Bauwerk war also, laut Vertrag, schon bevor es realisiert wurde, mit seinem Ende konfrontiert, ohne die Möglichkeit einer zukünftigen Nutzung. Vgl. Löffler, Adam W.: Zum Abreißen gebaut. In: *Baumeister* 09, September 1972, S. 947

67 Das von Oskar von Miller konzipierte und gegründete naturwissenschaftliche Deutsche Museum wurde 1925 eingeweiht und in der Folge umgebaut und erweitert. Der in mehreren Phasen zwischen 1908 und 1936 von verschiedenen Architekten, darunter Gabriel von Seidl und German Bestelmeyer, erbaute Gebäudekomplex mit einer Fläche von 24.000 m² wurde im Zweiten Weltkrieg bei Bombardierungen schwer beschädigt und in den Vierziger- und Fünfzigerjahren wieder aufgebaut. Vgl. Brachner, Alto: Deutsches Museum München. Braunschweig 1979; Dienel, Hans-Liudger: Das Deutsche Museum und seine Geschichte. München 1998; Füßl, Wilhelm; Trischler, Helmuth (Hrsgg.): Geschichte des Deutschen Museums. München 2003; Scherf, Martin: Nach Renovierung. Warum das neue Deutsche Museum enttäuscht. In: *Süddeutsche Zeitung*, 2. Juni 2022

68 Nestler, Paolo: Deutsches Museum in München. In: *Baumeister* 04, April 1962, S. 333–348

69 Nestler, Paolo: Dreierlei Fassaden – dreierlei Prinzipien. In: *Süddeutsche Zeitung*, 24. Februar 1966, S. 26

70 Knapp, Gottfried: Graphische Architektur. Das Werk Paolo Nestlers in einer Münchner Ausstellung. In: *Süddeutsche Zeitung*, 20. August 1980, S. 24

71 „Die geplante Ausstellung ‚Weltkulturen und moderne Kunst' macht einen Anbau an der Nordseite vom Haus der Kunst notwendig. Der Architekt Paolo Nestler hat nun dem Vorstand seine Vorstellungen erläutert. Die Herren waren offenbar begeistert. Denn selbst die sonst so sachlich gehaltene Pressemitteilung spiegelt den Erfolg des Architekten: ‚Die großzügige und elegante Konzeption von Professor Paolo Nestler wurde vom Vorstand mit großem Beifall aufgenommen.'" T. M.: 14-Stunden-Sitzung des Olympia-Komitees. Wer filmt für Deutschland? In: *Abendzeitung*, 11. Januar 1971. Siehe auch Wichmann, Siegfried (Hrsg.): Weltkulturen und moderne Kunst. Ausst.-Kat. München 1972

72 Zitiert nach: Nennecke, Charlotte: Das Haus der Kunst macht sich olympiareif. „Glaspalast"-Anbau zur Ausstellung „Weltkulturen und moderne Kunst". In: *Süddeutsche Zeitung*, 26./27. September 1970

73 Löffler: Abreißen, 1972 (wie Anm. 66), S. 80

74 Bode, Peter M.: Eine Großvitrine im Grünen. Der gläserne Anbau am Haus der Kunst – und was nun daraus wird. In: *Süddeutsche Zeitung*, 29. September 1972, S. 79

75 Bode, Peter M.: Ein vielseitiger Architekt: Paolo Nestler wird fünfundsechzig. Zeitungsauschnitt, ohne Datum (1985, Personalakten Nestler, Archiv Akademie der Bildenden Künste München)

76 Bereits zehn Jahre zuvor hatte Nestler die Ausstellungsarchitektur im Haus der Kunst übernommen und sich mit dem Gebäude auseinandergesetzt. In der Großen Kunstausstellung München 1961 stellten mehr als 500 Künstler insgesamt 881 Werke aus. Nach Wolfgang Petzer war diese überzeugende und gelungene Ausstattung der erste Erfolg über die monumentale Anmaßung des Marmorblockhaften des Gebäudes von Troost. Vgl. Petzer, Wolfgang: Unter den Regenschirmen warten ... Erster Gang durchs Haus der Kunst. In: *Münchner Merkur*, 6. Juni 1961, S. 8

77 Bode: Großvitrine, 1972 (wie Anm. 74)

78 Über die Debatte um das Haus der Kunst und David Chipperfields Pläne zur Umgestaltung des „Nazi-Tempels" siehe zum Beispiel: Neuendorf, Henri: David Chipperfield's Renovation Plan of Munich's Haus der Kunst Sparks Outrage. In: *Artnet news*, 29. Dezember 2016; Perlson, Hili: *Debate on David Chipperfield's Plan for Haus der Kunst's Facade Intensifies*. In: *Artnet news*, 30. Januar 2017; Stock, Wolfgang Jean: Nach Weißwäsche nun Rückbau. In: *Bauwelt* 07, 2017, S. 15; Görl, Wolfgang: Der Bau und seine Funktion. NS-Dokuzentrum-Chef Winfried Nerdinger kritisiert die Pläne von Architekt David Chipperfield für das Haus der Kunst. In: *Süddeutsche Zeitung*, 2. März 2017

79 „... der flüchtige Bau gehörte zum Besten, was München an Neuem zu sehen bekam". Zit. nach Knapp: Graphische Architektur, 1980 (wie Anm. 70)

80 Zum Thema der Leichtigkeit, Offenheit und Transparenz als politische Botschaft gibt es zahlreiche Projekte und genauso viele Publikationen. Vgl. z. B. über das Bundeshaus in Bonn von Behnisch Architekten: August, Vincent: Ikonologie der Transparenz: Demokratie im Zeichen von Rationalität und Reinheit. In: Huhnholz, Sebastian; Hausteiner, Eva Marlene (Hrsgg.): Politische Ikonographie und Differenzrepräsentation. Baden-Baden 2018, S. 117–147

81 Vgl. Nestlers Auseinandersetzung mit dem Haus der Kunst anlässlich der Großen Kunstausstellung München 1961. Laut Wolfgang Petzer war diese überzeugende und äußerst gelungene Gestaltung der erste „Sieg" über die monumentale Anmaßung des von Troost erbauten Museumsbaus. Vgl. Petzer: Unter den Regenschirmen, 1961 (wie Anm. 76)

82 Das Projekt für den Pavillon in Zagreb wurde im April 1956 in der Zeitschrift *Baumeister* veröffentlicht: Nestler, Paolo: Informationsstand der deutschen Wirtschaft auf der Industrie-Messe in Zagreb 1955. In: *Baumeister* 04, 1956, S. 238f.

83 Nestler, Paolo: Allgemeiner Informationspavillon der deutschen Wirtschaft auf der Mailänder Industriemesse Fiera di Milano, April 1956, In: *Bauen und Wohnen* 10, 1956, S. 436–439

84 Über die 13. Triennale von Mailand vgl.: Tredicesima Triennale di Milano. Esposizione internazionale delle arti decorative e industriali moderne e dell'architettura moderna. Tempo libero. Loisirs. Leisure. Ausst.-Kat. Milano 1964

85 Die 13. Triennale zum Thema „Freizeit" wurde am 12. Juni 1964 eröffnet. Diese Ausgabe, die aus einer umfassenden Überarbeitung der kulturellen Mission der Triennale hervorgegangen war, stellte einen Wendepunkt in der Geschichte dieser Mailänder Institution dar: „Die Triennale verzichtete auf ihre traditionelle Konzentration auf Waren, zugunsten einer mehr kritischen Ausrichtung, die die dringendsten Fragen der zeitgenössischen Gesellschaft aufgreifen sollte. Diese ideologische Verschiebung fand Ausdruck in einer radikalen Erneuerung des Ausstellungsformats der Triennale, bei der die gewöhnliche Einteilung in Einzelausstellungen zu Design- und Architekturthemen überwunden wurde, um sie in ein großes übergeordnetes Thema von kollektivem Interesse zu integrieren, das unter einem soziologischen Blickwinkel behandelt wurde." (Übersetzt von der Autorin nach: Ciliberto, Giulia: Rappresentazioni del prodotto industriale. Triennale di Milano, 1940–1964. In: *AIS/Design. Storia e ricerche* 1, März 2013 (Vgl. www.aisdesign.org/aisd/rappresentazioni-del-prodotto-industriale-triennale-di-milano-1940–1964#top). Siehe auch Savorra: Milano 1964, 2017 (wie Anm. 51)

86 In den Nachkriegsjahren, die vom Wirtschaftsaufschwung und steigendem Wohlstand geprägt sind, gehören Theatervorstellungen für 81 % der Deutschen zur bevorzugten Freizeitbeschäftigung. Johann, Ernst: Theater: das Lieblingsspielzeug der Deutschen. In: Tredicesima Triennale di Milano 1964. Sezione Germanica, Broschüre. Darmstadt 1964, o. S.

87 Lakotta, Peter: Der deutsche Beitrag zur XIII. Triennale. In: Tredicesima Triennale di Milano 1964. Sezione Germanica. Broschüre. Darmstadt 1964, o. S.

88 Im Fotoarchiv der Triennale von Mailand wird eine Reihe von Fotografien von Nestlers Bau aufbewahrt: Vgl. TRN_XIII_04_0186, TRN_XIII_04_0187, TRN_XIII_04_0188, TRN_XIII_04_0189, TRN_XIII_04_0190 (www.lombardiabeniculturali.it/ricerca/?q=nestler)

89 König, Heinrich: XIII. Internationale Triennale, Milano 1964. In: *Architektur und Wohnform* 1, Januar 1965, S. 38–43

90 Pfeiffer-Belli, Erich: Der nationale und der internationale Schock. Zwei Ausstellungen. In: *Süddeutsche Zeitung,* 25. Juni 1964

91 Walz, Werner: IVA 1965. Das sollten Sie in München sehen! Zeitungsauschnitt (Nachlass Nestler, Architekturmuseum TUM). Siehe Ausst.-Kat. IVA München 1965. Über die IVA berichtete auch die Zeitschrift *Baumeister* 08/09, 1965.

92 Nestler, Paolo: Schmalfilmtheater. In: *Baumeister* 09, 1953, S. 607

93 Kühne, Günther: München – oder: Eine Chance ist vertan. In: *Bauwelt* 32, 1965, S. 886

94 „VariaVision. Ein Experiment für 100 Tage". Broschüre, München 1965. Den Erfolg von „VariaVision" bezeugen nicht nur die zahlreichen Rezensionen und Artikel, die enthusiastisch von dem Experiment berichteten, sondern auch das Urteil der Filmbewertungsstelle Wiesbaden (ebenda, S. 39). Über „VariaVision" berichtete auch die *Bauwelt* 46, 1965.

95 Nestler, Paolo: Architektur. In: „VariaVision", München 1965 (ebenda), S. 27

96 Von Nestlers Projekt für den deutschen Pavillon auf der kanadischen Expo von 1967 sind einige Fotografien erhalten, allerdings weder Zeichnungen noch andere Dokumente (Nachlass Nestler, Architekturmuseum TUM)

97 Zum deutschen Pavillon auf der Expo in Montreal siehe Kleinmanns, Joachim: Der deutsche Pavillon der Expo 67 in Montreal. Ein Schlüsselwerk deutscher Nachkriegsarchitektur. Berlin 2020

98 „Montreal has neither an Eiffel Tower nor a Barcelona pavilion to offer. Only two exhibition buildings are outstanding: Frei Otto's tent and Buckminster Fuller's globe. Both have attained a remarkable harmony of structure and space." Vgl. Peters, Paulhans: Expo 67. In: *Baumeister*, Juli 1967, S. 850. Über das Werk von Frei Otto vgl. Nerdinger, Winfried u. a. (Hrsgg.): Frei Otto. Complete Works: Lightweight Construction, Natural Design. Basel 2005

99 In einem 1967 im Feuilleton der *Abendzeitung* erschienenen Artikel schreibt der Verfasser, dass ca. 75 % des „Inhalts" des deutschen Pavillons Nestler zuzuschreiben sind. Vgl. Christlieb, Wolfgang: Der Münchner Maler Rupert Stöckl bastelt für die Weltausstellung 1967 in Montreal: Eisenbahn in Wolkenlandschaft. In: *Abendzeitung,* 25./26. Februar 1967

100 Peters: Expo 67, 1967 (wie Anm. 98), S. 886

101 Nestler, Paolo: Am Rande. Montreal – Einige Fragen. In: *Bauen und Wohnen* 21, 09, 1967, S. 331. Nestlers Kritik wurde in einem Artikel aufgegriffen, der am 19. Juli 1967 in der *Süddeutschen Zeitung* erschien. In dem mit „Der Furor Montrealicus" überschriebenen Text stellt der Autor fest: „Nestler wollte demaskieren, Unredlichkeiten bloßlegen, werben für einen Weltausstellungsgedanken ganz anderer Art. [...] Er hat das Thema ‚Der Mensch und seine Welt' wirklich ernst genommen. Und er sah es nirgendwo verwirklicht." PMB [Bode, Peter M.]: Der Furor Montrealicus. Paolo Nestlers Abrechnung mit der kanadischen Weltausstellung. In: *Süddeutsche Zeitung,* 19. Juli 1967

102 Petzet, Michael (Hrsg.): König Ludwig II. und die Kunst. Ausst.-Kat. München 1968. Der wissenschaftlichen Bearbeitung und Neubewertung von Ludwigs Kunst und Architektur wurde durch ihre museale Präsentation ein enormer Impuls verliehen. Von besonderer Bedeutung war diese Ausstellung, die nicht nur internationale Resonanz fand, sondern auch

„einen wesentlichen Anstoß zur endgültigen Rehabilitierung einer [...] kunstgeschichtlichen Epoche gegeben hat". Vgl. Herzog Franz von Bayern: Zum Geleit. In: Petzet, Michael: Gebaute Träume. Die Schlösser Ludwigs II. von Bayern. München 1995, S. 44

103 Anonymus: Heute wird in der Residenz die ungewöhnlichste Kunst-Schau des Jahres eröffnet. In: *Münchner Merkur*, 20. Juni 1968, S. 18

104 Ausgestellt wurden ungefähr 900 Exponate, von Möbeln und Gemälden bis zu Objekten aller Art aus den bayerischen Schlössern, dem Museum Ludwigs II. auf Herrenchiemsee und privaten Sammlungen.

105 Rosendorfer, Herbert: Der Märchenkönig. Ludwig II. und die Kunst, an Hand einer Ausstellung. In: *Die Zeit*, 35, 30. August 1968, S. 16

106 Anonymus: Heute wird in der Residenz (wie Anm. 103), S. 18

107 Ein weiteres Verdienst der Ausstellung ist ihre internationale Dimension, dank einer Kombination aus Wissenschaftlichkeit und zeitgenössischem Geist. Vgl. Stankiewitz, Karl: Vor dunklen Spiegeln sprach der König so gern seine Monologe. Münchner Schau: Ludwig II. und die Kunst. In: *Berliner Morgenpost*, 20. Juli 1968, S. 38

108 Wichmann, Siegfried: Paolo Nestler 1950–1980. Ergebnisse. Ausst.-Kat. München 1980. In Nestlers Nachlass sind einige Skizzen zum Ausstellungskonzept erhalten (Nachlass Nestler, Architekturmuseum TUM). Die Ausstellung wurde von der Engelhorn Stiftung zur Förderung bildender Kunst finanziert.

109 Wichmann: Nestler, 1980 (wie Anm. 108), o. S.

110 Knapp: Graphische Architektur, 1980 (wie Anm. 70)

111 Wichmann: Nestler, 1980 (wie Anm. 108), o. S.

112 Zwischen 1950 und 1963 erlebte München ein enormes Wachstum, von 840.000 auf 1.143.000 Einwohner. Vgl. Zimniok, Klaus (U-Bahn-Referat): Münchens U-Bahn und V-Bahn nehmen Gestalt an. In: *Bayernland* 11, 1967, S. 2–55, hier S. 6

113 Der erste, 12 km lange Abschnitt der Linie U6 verband Freimann und Goetheplatz, während der erste Abschnitt der U3, der 4 km lang war, von der Münchner Freiheit zum Olympiazentrum führte.

114 Über die Geschichte und die Architektur der Münchner U-Bahn, vgl. Hackelsberger, Christoph: Gestaltungen im Münchner Untergrund. In: *Süddeutsche Zeitung*, 2. März 1976; Zimniok, Klaus: Eine Stadt geht in den Untergrund. Die Geschichte der Münchner U- und S- Bahn im Spiegel der Zeit. München 1980; U-Bahn-Referat der LH München (Hrsg.): 25 Jahre U-Bahnbau in München. München 1990; Pischek, Wolfgang; Junghardt, Holger: Die Münchner U-Bahn. Unterirdisch durch die bayerische Landeshauptstadt. München 2002 (1998); Hackelsberger, Christoph: U-Bahn-Architektur in München. Subway Architecture in Munich. München 1997

115 Vgl. Pischek/Junghardt: Die Münchner U-Bahn, 2002 (wie Anm. 114), S. 11–14

116 Blog U-Bahn München: www.u-bahn-muenchen.de/blog/2010/05/paolo-nestler/

117 Fischer, Otto: U-Bahnhof mit Münchner Pfiff. Professor Paolo Nestler gewann den ersten Preis im Ideenwettbewerb der Stadt. In: *Süddeutsche Zeitung*, 23. Dezember 1965

118 Klaus Zimniok, der erste U-Bahn-Referent, bemerkt in einem undatierten Typoskript: „Nicht minder intensiv als die technischen waren die architektonischen Bemühungen, denn die Architektur bei der Münchner U-Bahn soll dem Aufwand an Technik nicht nachstehen und der einer Kunststadt angemessen sein." Klaus Zimniok: Typoskript ohne Datum (Stadtarchiv München)

119 „Das Erscheinungsbild dieser Bahnhöfe, das ursprünglich einen sachlichen, bisweilen auch groben und nüchternen Eindruck machte, wirkt heute angesichts der Entfaltung der differenzierten U-Bahn-Architektur wenig attraktiv, ja fast dürftig." Hackelsberger: U-Bahn-Architektur, 1997 (wie Anm. 114), S. 50

120 Hackelsberger: U-Bahn-Architektur (wie Anm. 114), S. 51. Im Jahr 1975 erhielt Nestler den BDA-Preis Bayern für die Gestaltung des U-Bahnhofs Münchner Freiheit.

121 Hackelsberger: U-Bahn-Architektur (wie Anm. 114), S. 69

122 Hackelsberger: U-Bahn-Architektur (wie Anm. 114), S. 85

123 Der Traum vom Louvre endet als Vordach. In: *Süddeutsche Zeitung*, 14. August 2006

124 Unter der Überschrift „Das U-Bahnnetz bekommt vier neue Stationen – Beispiele für moderne Architektur im öffentlichen Raum" beschreibt Elisabeth Höfl-Hielscher „Vier Highlights in der Unterwelt. Jede der neuen Stationen hat ihren eigenen Charakter". Dabei zitiert sie den Architekten des federführenden Baureferats Paul Kramer: Der Bahnhof Mangfallplatz „wirkt ‚archaisch' [...]. Zumindest karg und leicht surreal wie ein modernes Opern-Bühnenbild." Begleitet wird ihr Artikel von einem Interview mit Paul Kramer: Nächster Halt: Kunst. Paul Kramer über 25 Jahre Ästhetik im Untergrund. Beides in: *Süddeutsche Zeitung*, vom 5. November 1997

125 Das Stachus-Einkaufszentrum erstreckte sich über eine Fläche von 55.000 m^2.

126 Stankiewitz, Karl: Der Stachus. Wo München modern wurde. München 2006, S. 78

127 Planungsbüro Obermeyer (Hrsg.): Stachus Karlsplatz. Stachus Bau. Eröffnung des Verkehrs- und Einkaufszentrums der Landeshauptstadt München am 26. November 1970. München 1970, S. 135

128 Ebenda, S. 46

129 Karl von Hasenauer, der Lehrmeister von Joseph Maria Olbrich, arbeitete bei einer ganzen Reihe von Projekten mit Gottfried Semper zusammen (Kunsthistorisches Museum, Naturhistorisches Museum, Burgtheater, Hermesvilla

und Neue Hofburg) und war einer der Protagonisten des Wiener Eklektizismus der zweiten Hälfte des 19. Jahrhunderts sowie der Architekt zahlreicher Gebäude am Ring und in der unmittelbaren Umgebung des Rings.

130 Podbrecky, Inge: Gio Ponti in Wien. Das italienische Kulturinstitut im Palais Lützow-Fürstenberg. In: *Römische historische Mitteilungen* 55, 2013, S. 369–396

131 Die Elementar am Ring. Festschrift der Anglo-Elementar Versicherungs-AG aus Anlaß der Eröffnung ihres neugestalteten Firmensitzes in Wien 1, Kärntner Ring 12, am 22. November 1983, S. 20

132 Ebenda, S. 53

133 Bundespräsident Walter Scheel verzichtete auf den Neubau seines Amtssitzes, für den ein Wettbewerb ausgeschrieben worden war, der im Juni 1974 endete; an ihm hatten 122 Architekten teilgenommen. Scheel entschied sich für die Neugestaltung der Villa Hammerschmidt. Vgl. *Frankfurter Allgemeine Zeitung*, 5. Dezember 1974

134 „Modern und gewagt – so wohnt Familie Scheel" lautet die Überschrift des Artikels mit dem Untertitel: „In dieser Woche zieht der Bundespräsident in die Villa Hammerschmidt, seinen Amtssitz, um. Zwei Münchner Star-Architekten haben die klassizistische Villa nach Scheels Wünschen aufpoliert – für gute 800.000 Mark". In: *Abendzeitung*, 10. September 1974

135 In der Liste der Baudenkmäler der Gemeinde Berg trug Nestlers Haus die Nummer D-1-88-113-85 und wurde wie folgt beschrieben: „eingeschossig, mit drei weit überstehenden, unterschiedlich hohen Satteldächern und großen Fensteröffnungen". Der bedauerliche Abriss des Gebäudes, der ungewöhnlich, allerdings nicht spektakulär ist, belegt, wie wenig Beachtung Nestlers Werk bis heute gefunden hat.

136 Im Jahr 1982 erschien in der Zeitschrift *Die Kunst und das schöne Heim* ein Artikel von Paolo Nestler über dieses Haus, den zahlreiche Fotografien vom Gebäudeäußeren und -inneren begleiteten. Vgl. Nestler, Paolo: Haus an einem See in Bayern. In: *Die Kunst und das schöne Heim* 6, Juni 1982, o. S.

137 Nestlers Haus war nicht unter den Projekten der Ausstellung „Alte und neue Architektur am Starnberger See", die der regionalen architektonischen Kultur am Starnberger See gewidmet war und vom 20. Februar bis zum 28. März 2014 in München am Sitz der Bayerischen Architektenkammer gezeigt wurde.

138 In dem Artikel in *Die Kunst und das schöne Heim* beschrieb Nestler als Verfasser das Haus bewusst nicht als sein Wohnhaus, sondern als irgendein Haus an einem nicht näher beschriebenen See in Bayern. Vgl. Nestler: Haus an einem See, 1982 (wie Anm. 136)

139 Ebenda

140 Ebenda

141 „In der *Casa all'italiana* – dem italienischen Haus – gibt es keine große architektonische Unterscheidung zwischen innen und außen; anderswo gibt es sogar die Trennung zwischen Formen und Materialien: Bei uns dringt die Außenarchitektur in das Innere ein und unterlässt es nicht, Stein oder Putz oder Fresken zu verwenden [...] Vom Inneren strebt das italienische Haus ins Äußere, mit seinen Arkaden und Terrassen, seinen Pergolen und Veranden, Loggien und Balkonen, seinen Altanen und Belvederes, die allesamt höchst bequeme Erfindungen für das behagliche Wohnen sind. [...] Das italienische Haus ist innen wie außen unkompliziert, versammelt Gegenstände und schöne Kunstwerke und wünscht unter ihnen Ordnung und Raum, keine Anhäufung oder Mischung. [...] Sein Entwurf geht nicht allein aus den materiellen Lebensanforderungen hervor, es ist nicht nur eine ‚machine à habiter'. Der sogenannte ‚Komfort' besteht im italienischen Haus nicht nur in der Übereinstimmung der Dinge mit den Notwendigkeiten, den Bedürfnissen [...]. Dieser ‚Komfort' liegt in etwas Höherem: Er besteht darin, uns mit der Architektur ein Maß für unser Denken zu geben [...]. Und schließlich, in der mühelosen und angenehmen Öffnung nach außen und der Kommunikation mit der Natur, in der Einladung, die das italienische Haus unserem Geist bietet, sich in erholsamen, friedlichen Ansichten zu entspannen, besteht im wahrsten Sinne des schönen italienischen Worts der CONFORTO – der Komfort", schreibt Gio Ponti im Leitartikel der ersten Ausgabe von *domus*, die der „Casa all'italiana" gewidmet ist. Ponti, Gio: La casa all'italiana. In: *domus. Architettura e arredamento dell'abitazione moderna in città e in campagna*, anno 1, 1. Januar 1928, S. 7 (übersetzt von der Autorin)

142 Ebenda

143 Nestler, Paolo: Wohnung – ein Bild unserer Zeit? In: *Madame*, Juni 1959, S. 70

144 Die mediterranen Einflüsse und die Verwendung einer schlichten, eleganten Figürlichkeit kommen auch in weiteren von Nestler für italienische und deutsche Auftraggeber entworfenen Einfamilienhäusern zum Ausdruck, darunter die Casa Hietzig in Laveno (1958), ein Ferienhaus in der Provinz Varese, das Haus Guidiano (1960) an einem nicht näher benannten Ort auf dem Land, das Haus der Familie Maurer am Ammersee in Bayern (1961) und das Haus der Familie Haas in Solln (1958), am Stadtrand von München: Diese Gebäude charakterisieren schlichte Formen, Flachdächer oder nur leicht geneigte Dächer, offene Räume und Fassaden, die durch ein System von Fülle und Leere organisiert sind, sowie die kunstvolle Verwendung von Materialien und Farben. Von diesen Projekten sind nur einige Fotografien des fertiggestellten Gebäudes oder des Modells, wenige Skizzen und ein paar Zeichnungen erhalten. Aufgrund der begrenzten Dokumentation sind keine weiteren Untersuchungen möglich.

145 Aloi, Roberto: Ville d'oggi. Milano 1964, S. 367

146 „Zusammen mit der Architektur des Wohnhauses hat sich ein neues Raumgefühl entwickelt. Was früher bestimmt war von den Proportionen der vier Wände und der Decke allein, eine mehr oder weniger große, geschlossene Schachtel, hat sich

heute geöffnet. Seine Umgrenzungen sind innerhalb des Hauses beweglich oder auf wenige Wände beschränkt und schließen den Gartenraum, den grünen Hof mit ein. […] Der Garten ist ganz selbstverständlich ein Bestandteil des Hauses geworden und gehört zum Bereich des Wohnens, einem befreiten Wohnen, konzentriert, erholsam, beschaulich, in direkter Verbindung mit einer wiederentdeckten Natur." Vgl. Nestler, Wohnung, 1959 (wie Anm. 143), S. 56

147 Ebenda

148 Poretti, Sergio: Modernismi italiani. Architettura e costruzione nel Novecento. Roma 2008, S. 269

149 Wohnquartier Fürstenfeldbruck-Buchenau. In: *Baumeister* 06, 1962, S. 563. Siehe auch: Wohnbaugruppe in Fürstenfeldbruck. In: *Deutsche Bauzeitschrift* 01, 1963, S. 29f.

150 Nestler, Paolo: Neues Bauen in Italien. New Ways of Building in Italy. Nouvelle Architecture en Italie. Architettura Moderna in Italia (viersprachig). München 1954 (siehe S. 190ff.)

151 Der Angerblock entstand auf einer Parzelle zwischen Sendlinger Straße und Dultstraße, einem der ältesten Teile von München, dessen erste Bebauung auf die Jahre 1289–1336 zurückgeht. In den Sechzigerjahren gehörte das Grundstück Hilde Rauck, einer Nachfahrin der Architekten- und Bauträgerfamilie Heilmann.

152 Der Verweis auf Terragni erstaunt nicht, da Nestler die Casa del Fascio in Como als „einziges Bauwerk" bezeichnete, das auf „den Weg deutet, den der italienische Rationalismus hätte gehen können […] Hier verbindet sich, in einer unerhörten Spannung, klassischer italienischer Bauwille mit den Gestaltungselementen des Rationalismus." Nestler, Neues Bauen, 1954 (wie Anm. 150), S. 22

153 Einladungsschreiben für die Preisverleihung vom 9. Januar 1982

154 Bode, Peter M.: Intime Wohn-Oase ohne Nostalgie, AZ-Serie. In: *Abendzeitung*, 14./15. März 1981, S. 7

155 Nestler, Paolo: Hausgruppe in München-Bogenhausen. In: *Baumeister* 02, 1981, S. 132. Das Projekt wurde auch veröffentlicht in: *DETAIL* 06, November/Dezember 1981, S. 805–811, und *Wohnen in der Stadt* 16, 1982, S. 12–15

156 Ein weiteres Beispiel für hochwertige Wohnarchitektur in der Stadt ist ein Projekt des Architekten Jürgen von Gagern, das von 1976 bis 1982 in Schwabing verwirklicht wurde. Der Kurfürstenhof mit seinen 171 Wohnungen sowie Geschäften, Büros und Restaurants wurde zwar in einem anderen Maßstab entworfen und verwendete vorgefertigte, serielle Bauteile, orientierte sich aber an den gleichen architektonischen Idealen: Vielfalt, Auflockerung des Baukörpers, unterschiedliche Lösungen für die Raumaufteilung und die Fassaden, Ausrichtung der Wohnungen auf die Innenhöfe sowie interne Verbindungen und großzügige Grünflächen. Auch dem Kurfürstenhof, der mit der Hausgruppe Bogenhausen die friedliche, heitere und natürliche Atmosphäre einer kleinen Stadt in der Stadt gemeinsam hat, wurde 1983/84 ein internationaler Preis für mehrgeschossige Wohnbauten verliehen.

157 IBA Berlino. In: *Casabella* 487/488, Januar/Februar 1983, S. 46–51. Croset, Pierre-Alain: Berlino '87: la costruzione del passato. In: *Casabella* 506, Oktober 1984, S. 4–25. Bodenschatz, Harald; Lampugnani, Vittorio Magnago; Sonne, Wolfgang (Hrsgg.): 25 Jahre Internationale Bauausstellung Berlin 1987. Ein Wendepunkt des europäischen Städtebaus. Sulgen 2012

158 Rossi, Aldo: L'architettura della città. Milano 1966

159 Nestler entwarf im Süden von Bogenhausen für eine Immobiliengesellschaft einen weiteren Wohnkomplex, der jedoch nie gebaut wurde. Der Komplex mit 74 Wohnungen von durchschnittlich 80 m^2, die als Eigentumswohnungen gedacht waren, und einem Kino mit 400 Plätzen sollte sich aus zwei einzelnen, um einen großen Innenhof gruppierten Gebäuden zusammensetzen: einem rechteckigen, niedrigeren Gebäude mit Einzimmerwohnungen und einem dreigeteilten, L-förmigen Block mit größeren Wohnungen auf acht Stockwerken. Im Kellergeschoss waren die Gemeinschaftseinrichtungen vorgesehen: Kino, Tiefgarage, Tanksäule und Unterkunft des Portiers. Das Projekt wurde 1957 in der Zeitschrift *Bauen und Wohnen* veröffentlicht: Nestler, Paolo: Wohngruppe mit Eigentumswohnungen in München. In: *Bauen und Wohnen* 11, 1957, S. 27f.

160 Nach dem ersten Entwurf des italienischen Designers Joe Colombo haben in den darauffolgenden Jahren international angesehene Architekten und Designer mit verschiedenen Wohnkonzepten zum Programm *Visiona* beigetragen. Siehe Nestler, Paolo: Unsere Städte müssen wieder die Sprache der Menschen sprechen. In: *Visiona 5, Wohnmodell der Fasersparte der Bayer AG auf der internationalen Fachmesse für Heim- und Haustextilien*. Frankfurt am Main 1980 (Nachlass Nestler, Architekturmuseum TUM).

161 Ebenda

162 Dudley, George A.: A Workshop for Peace. Designing the United Nations Headquarters, New York 1994; Mameli, Maddalena: Le Corbusier e Costantino Nivola: New York 1946–1965. Milano 2012

163 Theill, Signe: Von der Kunst, verloren zu gehen: das Geschenk der BRD an die Vereinten Nationen. In: Theill, Signe; Vowinckel, Annette (Hrsgg.): Von der Repräsentation zur Intervention. Die Vereinten Nationen im Spiegel der Kunst. Göttingen 2021, S. 115–118. Zum heutigen Zustand siehe: www.un.org/ungifts/quiet-room

164 Nestler, Paolo: Ausbau des Foyers des Sicherheitsrates im UNO-Gebäude in New York. In: *DETAIL* 04, 1983, S. 347–350; 60 × Kunst am Bau aus 60 Jahren, hrsg. vom Bundesministerium für Verkehr, Bau und Stadtentwicklung, Berlin 2010, S. 90f.; Seidel, Martin: Kunst am Bau – Klotz am Bein? Perspektiven einer unterschätzten Gattung. In: *Kunstforum international* 214, 2012, S. 32 (vgl. www.kunstforum.de/artikel/kunst-am-bau-klotz-am-bein/); Plessen, Elisabeth: Bauten des Bundes 1949–1989. Zwischen Architekturkritik und zeitgenössischer Wahrnehmung. Berlin 2019, S. 557

165 Der Raum als Kunstwerk. Das Foyer des Sicherheitsrates im UNO-Gebäude in New York. Beispiel einer Kooperation von Maler und Architekt. Vortrag von Günter Fruhtrunk und Paolo Nestler, 24. Januar 1979, Werkbund Bayern (Nachlass Nestler, Architekturmuseum TUM)

166 Bode, Peter M.: Deutscher Raum für UNO. In: *Abendzeitung,* 21. April 1978

167 Ein Geschenk der Bundesrepublik. In: *Süddeutsche Zeitung,* 15. Dezember 1978

168 Das „Kabinett der Abstrakten" von El Lissitzky und der „Merzbau" von Kurt Schwitters vertreten berühmte Beispiele der Raumkunst aus den Zwanzigerjahren.

169 Krys, Laura; Ziegler, Julia: Fruhtrunk am Bau und die Ruhr-Universität Bochum. In: *GA 2* 01, 2019, S. 68–77. Siehe auch Kronthaler, Helmut: Architekturbezogene Kunst von Günter Fruhtrunk. In: Schuster, Peter-Klaus (Hrsg.): Günter Fruhtrunk – Retrospektive. Ausst.-Kat. München 1993, S. 148–152

170 Stern der Woche (Nachlass Nestler, Architekturmuseum TUM)

171 Bode, Peter M.: Münchner Architektur in USA. In: *Abendzeitung,* 20. Dezember 1978

172 Fruhtrunk, Günter: Ethische Begründung, gewünscht im Zusammenhang des Geschenks der Bundesregierung an die Vereinten Nationen New York. Typoskript (Germanisches Nationalmuseum, Nürnberg, Deutsches Kunstarchiv, Nachlass Fruhtrunk, Günter, 422, 1978–03a)

173 Nestler, Paolo: Konferenzraum bei der F. A. O. in Rom. In: *DETAIL* 04, 1983, S. 351–354

174 Nestler entwarf mehrere Räume, darunter die Eingangshalle, die Cafeteria, das Mitarbeiterrestaurant, die Pausenzonen, die Büroarbeitsräume, die Vorstandsbüros mit Kasino, Konferenzräume und ein Schwimmbad. Zusätzlich konzipierte er auch ein visuelles Zeichensystem für die Orientierung der Benutzer. Vgl. Nestler, Paolo: Hypo-Verwaltungszentrum Arabellapark. Exposé. Gestaltung des Inneren, Raumgestaltung, visuelles Erscheinungsbild, Informationssystem, 18. November 1975. Typoskript (Nachlass Nestler, Architekturmuseum TUM)

175 Ebenda, S. 22

176 Zur Geschichte des Stadtareals von seinen Ursprüngen bis 1988, siehe die Bildchronik von Hans Lehmbruch und Gabriele Dischinger: Der Sendlinger-Tor-Platz in München. Eine Chronik in Bildern. München 1988

177 Der 1. Rang des Wettbewerbs ging an Nestler, zusammen mit einem Preisgeld von 23.000 DM. Den 2. Rang erhielt Nikolas Fuchs (München), den 3. Rang erhielten Heinz Hilmer und Christoph Sattler (München) und den 4. Rang gleichrangig drei Architektengemeinschaften aus München: Dieter Kälberer und Peter Otzmann, Peter Biedermann und Friedrich Wirth und Gebhard & arc Architektengemeinschaft

178 Nestler, Paolo: Broschüre zur Einweihung der Kreissparkasse München am 19.03.1988. Typoskript (Nachlass Nestler, Architekturmuseum TUM)

179 Nestler, Paolo: Kreissparkasse München. Das Gebäude mit den zwei Gesichtern. In: *Geldinstitute* 06, Juni 1989, S. 78–80

180 Realisierungswettbewerb Neubau Kreissparkasse München – Überarbeitungsstufe. In: *wettbewerbe aktuell* 10, 1983 (Kreisparkasse Archiv)

181 Ebenda

182 Hackelsberger, Christoph: Unscheinbar, gewaltig, doch voller Überraschungen. In: *Münchner Stadtanzeiger,* 5. Februar 1988

183 Ebenda

184 Die Kundenhalle war mit halbrunden Beratungsgruppen und weiteren von Nestler entworfenen Holzmöbeln ausgestattet. Die Beratungsgruppen brachten eine neue Art des Umgangs der Bank mit Kunden zum Ausdruck.

185 Die vorbereitenden Skizzen für die Glasfenster befinden sich im Nachlass Nestler, Architekturmuseum der TUM.

186 Bode, Peter M.: Freiheit nach hinten raus. Paolo Nestlers Kreissparkassen-Bau am Sendlinger-Tor-Platz, In: *Abendzeitung,* 17. Januar 1988

187 Der Abschnitt über die Stadtsparkasse wurde von Roberta Salvi ausgearbeitet, der ich danke. Für weitere Informationen zur Geschichte und zum Baugeschehen des Gebäudes sei auf ihre Diplomarbeit verwiesen, mit dem Titel: Die Stadtsparkasse im Tal als Palimpsest. Überblick über die Entstehung des heutigen Gebäudekomplexes und Vorschläge für eine zukünftige Umnutzung (Master-Thesis, Technische Universität München, SS 2017, Tutor: Andreas Hild; Co-Tutor: Gabriella Cianciolo Cosentino)

188 Die Überdachung fand in den Printmedien der Zeit großen Widerhall. Sie wurde als „Wagnis", „Ereignis", und „kreatives Umgehen mit Denkmälern" beschrieben. Vgl. z. B. Hackelsberger, Christoph: Weit, großzügig, prägnant. Außen runderneuert, innen aufgefrischt: Die Münchner Stadtsparkasse im Tal. In: *Münchner Stadtanzeiger,* 14. November 1991, S. 7

189 Grässel, Hans: Das neue städtische Sparkasse- und Stadtbauamts-Gebäude an der Sparkassenstraße in München. München 1911, S. 1. Zur Geschichte der Stadtsparkasse, siehe auch: Harbers, Guido: Großer Sparkassenumbau in der Münchener Altstadt. In: *Baumeister* 12, 1936 S. 418–424. Bayerischer Architekten- und Ingenieur-Verband e. V. (Hrsg.): München und seine Bauten. München 1978, S. 596f. Bauer, Richard: Ansichten und Einsichten. Hans Grässels Fotosammlung zur Architekturgeschichte Münchens 1860–1945. München 1994. Arz, Martin: Zeitreise München vorher – nachher. München 2010, S. 58–61, 66f.

190 Bode, Peter M.: Eine Piazza für Geldgeschäfte. Architekt Paolo Nestlers überzeugende Neugestaltung der Stadtsparkasse im Tal. In: *Abendzeitung,* 23. Oktober 1991, S. 12

191 Bertagni, Stefano; Colonna, Emiliano; Nuti, Franco: La sede della Cassa di Risparmio

di Firenze di Giovanni Michelucci. Firenze 2013

192 Bode: Piazza, 1991 (wie Anm. 190), S. 12

193 Nestler, Paolo: Darstellung der Stadtsparkasse. Typoskript ohne Datum (Nachlass Nestler, Architekturmuseum TUM). Zum Umbau der Stadtsparkasse siehe auch Nestler, Paolo: Zum Entwurf des Umbaues der Hauptstelle der Stadtsparkasse München, Pressekonferenz am 22. März 1988. Typoskript (Nachlass Nestler, Architekturmuseum TUM)

194 Bode: Piazza, 1991 (wie Anm. 190), S. 12

195 Nestler, Paolo: Deutscher Architekturpreis 1993. Neugestaltung der Hauptstelle der Stadtsparkasse in München. Erläuterung April 1993. Typoskript (Nachlass Nestler, Architekturmuseum TUM)

196 Nestler: Bauen, 1954 (wie Anm. 150), S. 174

197 Die Bank als Jahrmarkt – die das Äußere ins Innere wendet und aus der Schalterhalle eine Piazza macht: In der kürzlich wiedereröffneten Zentrale der Münchner Stadtsparkasse im Tal hat sich ein bauliches Wunder ereignet. In: *Abendzeitung*, Stern des Jahres, Dezember 1991

198 Hackelsberger: Weit, großzügig, prägnant, 1991 (wie Anm. 188), S. 7

199 Tafuri: Storia, 1982 (wie Anm. 7), S. 36

200 Dulio, Roberto: Ville in Italia dal 1945. Milano 2008

201 Unter den Beiträgen über die moderne italienische Architektur sind der Artikel des Architekten Guido Harbers mit dem Titel „Neues Bauen in Italien. Schnappschüsse von einem Architektentreffen“. In: *Die Kunst und das schöne Heim* 48, 1950, 9, S. 342–345, und das Buch des Mailänder Architekten Alberto Galardi: Neue italienische Architektur. Stuttgart 1967.

202 Nestler, Paolo; Bode, Peter M.: Deutsche Kunst seit 1960, Band 4, Architektur. München 1976. Die zwischen 1971 und 1976 beim Münchner Bruckmann Verlag veröffentlichte Reihe umfasste vier Bände: Der erste, von der Kunsthistorikerin Juliane Roh herausgegebene Band ist der Malerei, Collage, Op-Art und Grafik gewidmet; der zweite Band, von Jürgen Morschel herausgegeben, beschäftigte sich mit Plastik, Objekt- und Aktionskunst, während der dritte, dessen Herausgeberin erneut Juliane Roh ist, die Druckgrafik behandelt.

203 Stock, Wolfgang Jean: Zwischen Chaos und Monotonie. Rezension zu Nestler/Bode: Architektur, 1976 (wie Anm. 202). In: *Werk-Archithese*, 07/08, 1977, S. 97

204 „Ein gewissermaßen olympischer Schwung und Mut bei der Mehrzahl der Beteiligten sowie ein nie nachlassendes leidenschaftliches Engagement der Architekten und Planer haben es gegen viele Widerstände vermocht, einen genialen Wettbewerbsentwurf ohne grundsätzliche Abstriche in die nicht minder bewunderungswürdige Wirklichkeit umzusetzen“. Zit. nach Nestler/Bode: Architektur, 1976 (wie Anm. 202), S. 225.

205 Pane, Roberto: La cultura architettonica italiana nel mondo moderno. In: *L'architettura – cronache e storia*, 34, August 1958. Vgl. Ciucci, Giorgio; Dal Co, Francesco: Architettura italiana del ’900. Milano 1990, S. 185. Auch der amerikanische Kritiker Kidder Smith hält die Kenntnis der Geschichte für wesentlich, aber oft vernachlässigt, und fügt hinzu, dass „ein solches Studium der Vergangenheit in keinem Land der Welt so fruchtbar sein kann wie in Italien“. Jedoch, merkt er an, dass in der Vergangenheit Ideen, keine Vorbilder gesucht werden sollten. In: Kidder Smith, George Everard: Italy Builds. L'Italia Costruisce: Its Modern Architecture and Native Inheritance. Sua Architettura Moderna e Sua Eredità Indigena. London/Milano 1955, S. 15

206 Tafuri: Storia, 1982 (wie Anm. 7), S. 39 (Übersetzung von der Autorin)

207 Nestler, Paolo: Bericht über eine Untersuchung, durchgeführt im Verlaufe des Wintersemesters. Auszüge undStichworte. München, 29. September 1981, Typoskript (Nachlass Nestler, Architekturmuseum TUM)

208 Ebenda, S. 2

209 Ebenda

210 Der von Francesco Cellini, Claudio D'Amato, Antonio De Bonis und Paolo Farina herausgegebene Ausstellungskatalog trägt den Titel „La presenza del passato. Prima mostra internazionale di architettura“. Venezia 1980. Siehe auch Szacka, Léa-Catherine: Exhibiting the Postmodern: The 1980 Venice Architecture Biennale. Venezia 2016

211 Nestler: Bericht, 1981 (wie Anm. 207), S. 3

212 Ebenda

213 Die Auffassung von Typologie als funktionell-formale Invarianz der Morphologie bespricht Guido Canella in der Abhandlung „Delimitazione di un'esperienza“. In: *Per una ricerca di progettazione* 1. Venedig 1969. Zit. nach Ciucci, Giorgio; Dal Co, Francesco: Architettura italiana (wie Anm. 205), S. 225

214 Laut den zeitgleichen Tendenzen der Wahrnehmungspsychologie sind die unterschiedlichen Wahrnehmungserfahrungen nicht subjektiv, sondern folgen bestimmten Gesetzen. Das heißt, es existieren sogenannte „perzeptive Invarianten“, die bei der Veränderung der Wahrnehmung konstant bleiben. Nestler zitiert insbesondere die Studien des nordamerikanischen Psychologen James Gibson und verschiebt die ewige Frage der Beziehung Geschichte – Projekt auf die Wahrnehmungsebene.

215 Schönheit der Technik – die gute Industrieform. Gedanken und Bilder zu einer Ausstellung des Landesgewerbeamtes Baden-Württemberg. Ausst.-Kat. Stuttgart 1953

216 Tafuri, Manfredo: Ludovico Quaroni e lo sviluppo dell'architettura moderna in Italia. Milano 1964, S. 154

217 Boyken, Immo: Egon Eiermann/Sep Ruf. Deutsche Pavillons, Brüssel 1958. Stuttgart/London 2007

218 Bruzzone, Monica: Rogers e l'identità dell'architettura italiana all'estero. In: De Poli, Aldo;

Visentin, Chiara (Hrsgg.): Ernesto Nathan Rogers e la costruzione dell'architettura. Parma 2009, S. 70

219 Man denke an die Theorien des englischen Kritikers Reyner Banham über die Bedeutung der technologischen Komponenten in der Architektur oder an die futuristischen Projekte des amerikanischen Architekten, Ingenieurs und Erfinders Richard Buckminster Fuller.

220 „Wir sind bereits zu der allgemeinen Überzeugung gekommen, daß die Sprache der klassischen Architektur nicht präzise genug ist, um sie auf heutige schöpferische Aufgaben anzuwenden. Genauso ist es schwer vorstellbar, dass irgendeine Idee eines wirklich modernen Gebäudes existieren könnte, die sich mit Hilfe konventioneller oder klassischer Konstruktionsmethoden realisieren ließe. In solcher Überzeugung mag auch einer der Gründe liegen, weshalb wir heute im allgemeinen geneigt sind, die großen, reinen Konstruktionen der Technik und die dynamischen mechanischen Maschinen als wirklich zeitgemäß und modern zu akzeptieren." Wachsmann, Konrad: Vom Bauen in unserer Zeit. In: *Baukunst und Werkform* 10, 1, 1957, S. 30

221 Nestler, Paolo: Architektur und Technik im Dienst des Kunden. In: *Bank und Markt*, 10. Oktober 1989, S. 35f.

222 Nestler, Paolo: Konditionierung des Menschen für eine künstliche Welt. In: *Werk und Zeit* 10, 1967, S. 1

223 „Dienste an der irrationalen Sehnsucht des Menschen, sich in Bereiche zurückzuziehen, in denen er sich, romantisch vielleicht, identifizieren kann mit schöpferischer Flucht aus technokratischer Alltagsmonotonie." Nestler: Architektur und Technik, 1989 (wie Anm. 221), S. 36

224 Siehe S. 32

225 In einem Artikel mit dem Titel „Il colore e la rappresentazione dello spazio" (Milano 1961) spricht Giulio Carlo Argan über das unbewusste Erleben von Farbe und ihre Bedeutung für die Vorstellung von Raum. Zit. von Gabriella Maccarrone in ihrem Aufsatz: Abitare il colore. In: Mandelli, Emma (Hrsg.): Colore, luce e materia in architettura. Firenze 2000, S. 72

226 Nestler, Paolo: Farbe für 4000. Typoskript zum Vortrag im Rotary Club München, April 1978 (Nachlass Nestler, Architekturmuseum TUM)

227 Im Ausstellungskatalog „Paolo Nestler 1950–1980. Ergebnisse" (München 1980) ist die „Entwicklung eines Farbkonzeptes für ein Verwaltungszentrum in München, 1976" abgebildet. Es handelt sich um das Farbkonzept für die Innenräume der Hypo-Bank (siehe S. 82).

228 „Gerne erinnert man sich an bewußt erlebte Farbklänge von graupatinierten Ockertönen und ausgewaschenen grünen Fensterläden von Straßen in Padua oder an die einhüllende, nie monotone Stadtfarbwelt von Siena oder San Gimignano." Nestler, Paolo: Über die Farben. Typoskript, 18. Mai 1987, S. 2 (Nachlass Nestler, Architekturmuseum TUM)

229 Ebenda, S. 3

230 Ebenda, S. 4

231 Ebenda, S. 3

232 Die Farbstudien in Nestlers Nachlass werden in einer „Farbskizzen" benannten Mappe aufbewahrt. (Nachlass Nestler, Architekturmuseum TUM)

233 Siehe Abb. S. 160

234 „Tonis Preisbrecher, Der neue Audi 100 ist die interessanteste Autoschöpfung des Jahres. Konzernchef Toni Schmücker verkauft ihn zum alten Preis". In: *Stern*, 5. August 1976

235 Harster, Hermann: Das ist er – der neue Super-Audi! In: *Bild am Sonntag*, Zeitungsausschnitt, ohne Datum (Nachlass Nestler, Architekturmuseum der TUM)

236 Darüber diskutierten damals Experten und Autodesigner: „Macht roter Lack glücklich oder aggressiv?" Auf Nestlers Behauptung antwortet der Direktor des Instituts für Physiologie der Universität Marburg mit einem kurzen Zeitungstext, in dem er schreibt: „Die Argumente von Professor Paolo Nestler gegen die Autofarbe Rot beruhen auf einer subjektiven Abneigung, lassen sich aber medizinisch nicht belegen." Hensel, H.: Farbenlehre. Autodesigner streiten sich: Macht roter Lack glücklich oder aggressiv? In: *Auto, Motor, Sport* 16, 1976

237 Ein Bazillus mit unabsehbaren Auswirkungen. In: *Auto, Motor, Sport*, 22. September 1975

238 Ebenda

239 Winterstein, Axel: Audi 80 L im AZ-Test: Sparsamer und flinker Wagen für die Familie. In: *Abendzeitung*, 23. Februar 1977

240 Gesucht: das originellste Auto. Beispiel vier zum Leser-Wettbewerb: VW Polo Sprint. In: *Auto, Motor, Sport*, 9. Juni 1976

241 Rest, Hermann: Nestlers Nestbau. In: *Gute Fahrt*, November 1976

Impressum

Autorin:
Gabriella Cianciolo Cosentino

Projektleitung:
Sandra Hofmeister

Redaktionelle Mitarbeit:
Laura Traub

Lektorat:
Katrin Pollems-Braunfels, München

Schlusskorrektur:
Sandra Leitte, Valley City (US)

Gestaltung:
strobo B M, München

Druck:
Kopa, Biruliškės (LT)

Lithografie:
Franz Lichtenauer, Typodata GmbH, Pfaffenhofen a.d.Ilm

Papier:
Munken Print White (Innenteil)
WLC MC Mirabell (Umschlag)

Bibliografische Information der Deutschen Nationalbibliothek
Die Deutsche Nationalbibliothek verzeichnet diese Publikation in der Deutschen Nationalbibliografie; detaillierte bibliografische Daten sind im Internet über http://dnb.d-nb.de abrufbar.

ISBN 978-3-95553-644-2 (Print)
ISBN 978-3-95553-645-9 (E-book)

Unterstützt von:

Alexander von HUMBOLDT STIFTUNG

Architekturmuseum der Technischen Universität München

Fachbereich Architektur der Rheinland-Pfälzischen Technischen Universität Kaiserslautern-Landau

Kunsthistorisches Institut der Universität zu Köln

Bildnachweis
Paolo Nestler
Ein Hauch Italien in der deutschen Nachkriegsarchitektur

Cover:
Skizze der Bibliothek in der Villa Hammerschmidt, Bonn, 1980
Nachlass Paolo Nestler, Architekturmuseum der Technischen Universität München

Alle Abbildungen, außer anders erwähnt:
Nachlass Paolo Nestler, Architekturmuseum der Technischen Universität München

Seite 28:
aus *Aria d'Italia,* Winterausgabe 1939, Cover, Gio Ponti

Seite 54 oben:
aus *Baukunst und Werkform* 7, 1959, S. 361

Seite 57:
aus *Baumeister* 8, 1962, S. 782

Seite 67 unten:
Lokalbaukommission München, Referat für Stadtplanung und Bauordnung

Seite 72:
aus *Bauen und Wohnen* 12, Januar 1958, S. 4

Seite 74:
Fondazione La Triennale di Milano

Seite 82:
aus *Bauwelt* 46, 1968, S. 1146

Seite 87:
Archiv Freunde des Münchner Trambahnmuseums e. V., 19. Oktober 1968

Seite 88:
Marta Tonelli, 2020

Seite 89:
Stadtarchiv München

Seite 90 oben:
Marta Tonelli, 2020

Seite 90 unten:
aus Karl Stankiewitz: Der Stachus. Wo München modern wurde. München 2006

Seiten 93–105:
Marta Tonelli, 2020

Seite 108:
aus Die Elementar am Ring. Festschrift der Anglo-Elementar Versicherungs-AG aus Anlaß der Eröffnung ihres neugestalteten Firmensitzes in Wien 1, Kärntner Ring 12, am 22. November 1983, S. 60

Seite 111:
Stagiaire MGIMO 2014

Seite 112 unten:
Marta Tonelli, 2020

Seite 118, Seite 119 oben:
aus Paolo Nestler: Haus an einem See in Bayern. In: *Die Kunst und das schöne Heim* 6, Juni 1982, o. S.

Seite 120:
Marta Tonelli, 2020

Seite 121 unten:
aus Roberto Aloi: Ville d'oggi. Milano 1964, S. 370

Seiten 125–129:
Marta Tonelli, 2020

Seite 131:
aus *Deutsche Bauzeitschrift* 1, 1963, S. 30

Seite 133 oben:
Marta Tonelli, 2020

Seite 133 unten:
aus *Baumeister* 2, 1981, S. 132

Seite 134:
aus *DETAIL* 6, 1981, S. 807

Seite 135, 143–157:
Marta Tonelli, 2020

Seite 137:
aus Siegfried Wichmann: Paolo Nestler 1950–1980. Ergebnisse. München 1980, o. S.

Seite 160 oben:
Meuser Architekten, Berlin

Seite 164, 166:
aus Siegfried Wichmann: Paolo Nestler 1950–1980. Ergebnisse. München 1980, o. S.

Seite 165:
Marta Tonelli, 2020

Seite 167:
Archiv Kreissparkasse

Seite 171:
Stadtsparkasse im Tal: Marta Tonelli, 2020

Seite 173:
Archiv Kreissparkasse

Seiten 177–187:
Marta Tonelli, 2020

Seite 191:
aus Paolo Nestler: Neues Bauen in Italien. München 1954, S. 40

Seite 192:
aus Paolo Nestler: Neues Bauen in Italien. München 1954, S. 59

Seite 193:
aus Paolo Nestler: Neues Bauen in Italien. München 1954, S. 153

Seite 195:
aus Paolo Nestler, Peter Bode: Deutsche Kunst seit 1960 – Architektur. München 1976, Abb. 176

Seite 197:
aus Paolo Nestler, Peter Bode: Deutsche Kunst seit 1960 – Architektur. München 1976, Abb. 222

Seite 210:
Copyright: Rudolf Stricker, Wikimedia Commons

Seite 212:
aus Siegfried Wichmann: Paolo Nestler 1950–1980. Ergebnisse. München 1980, o. S.

150
600

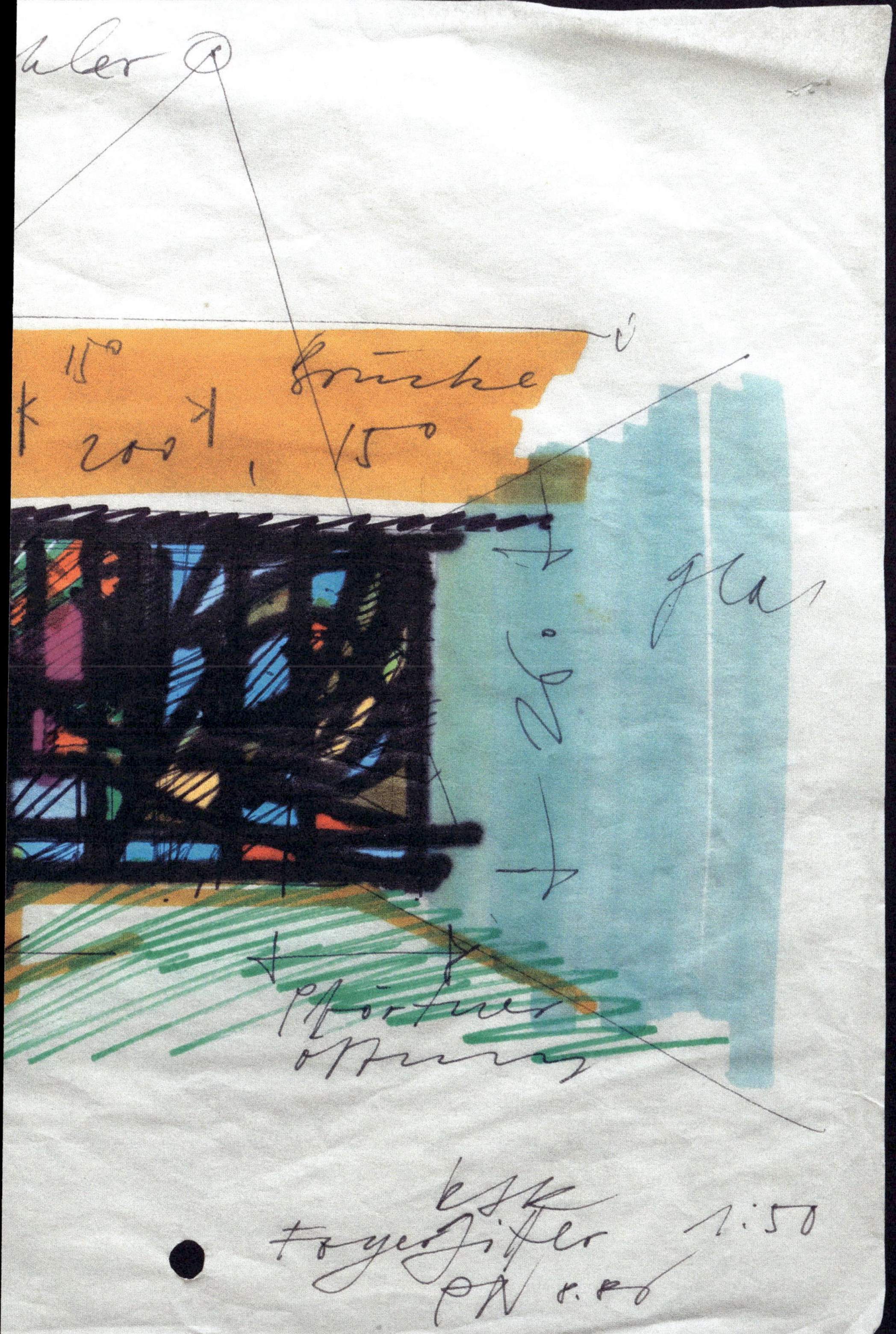
glas
1:50

79

1 x 1

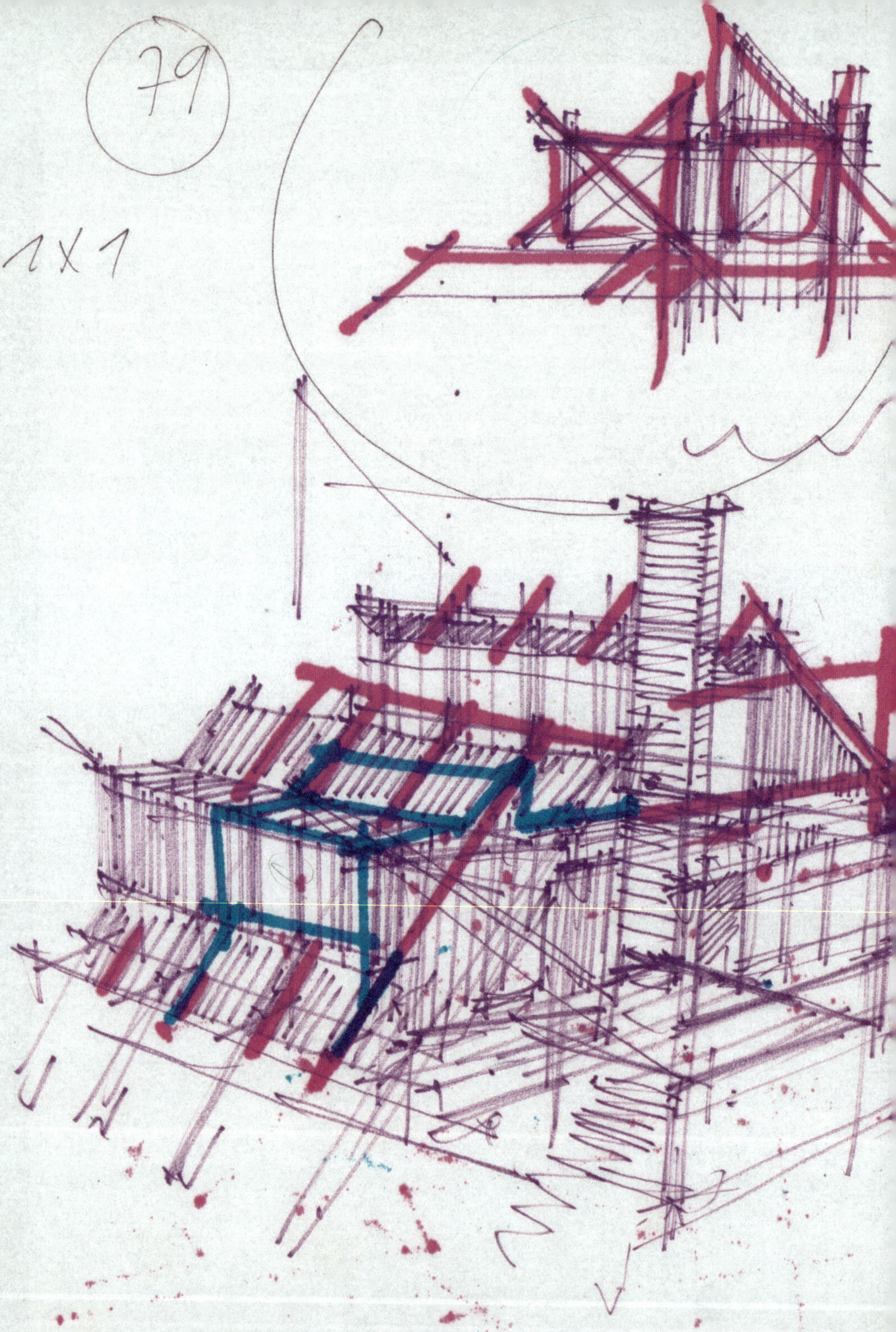

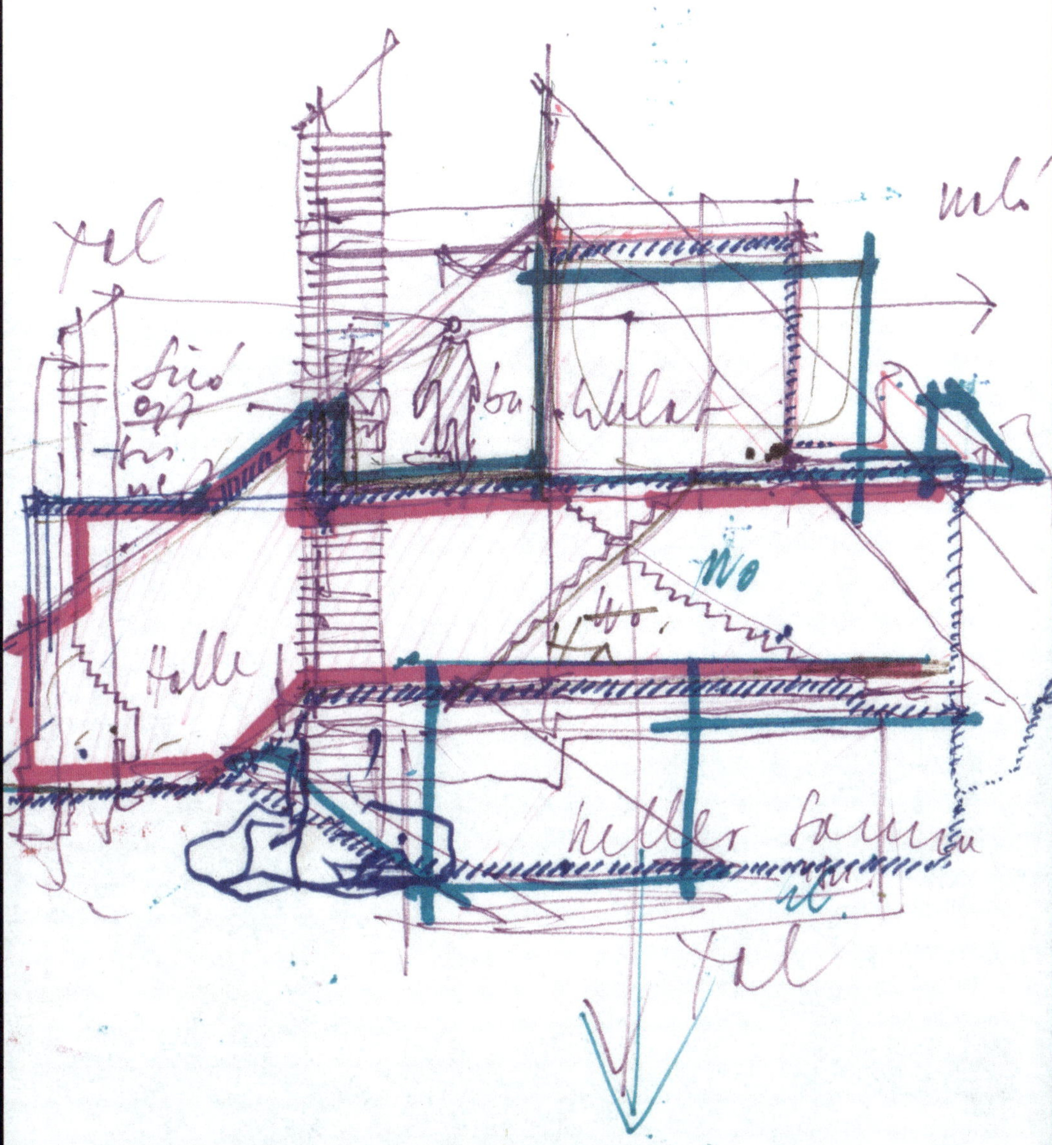
Tal
Halle
Tal

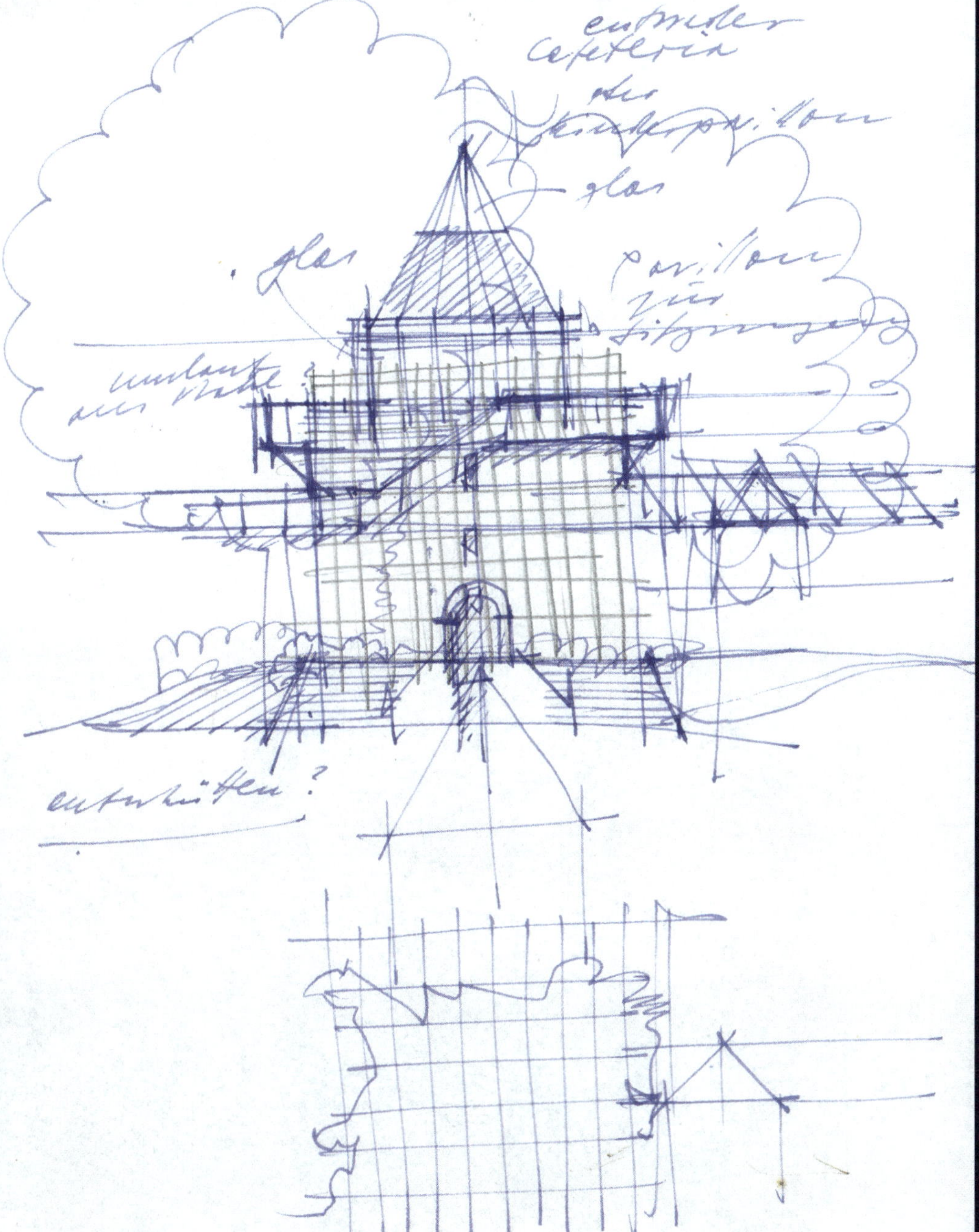

PN 84

Wettbewerb
Landratsamt

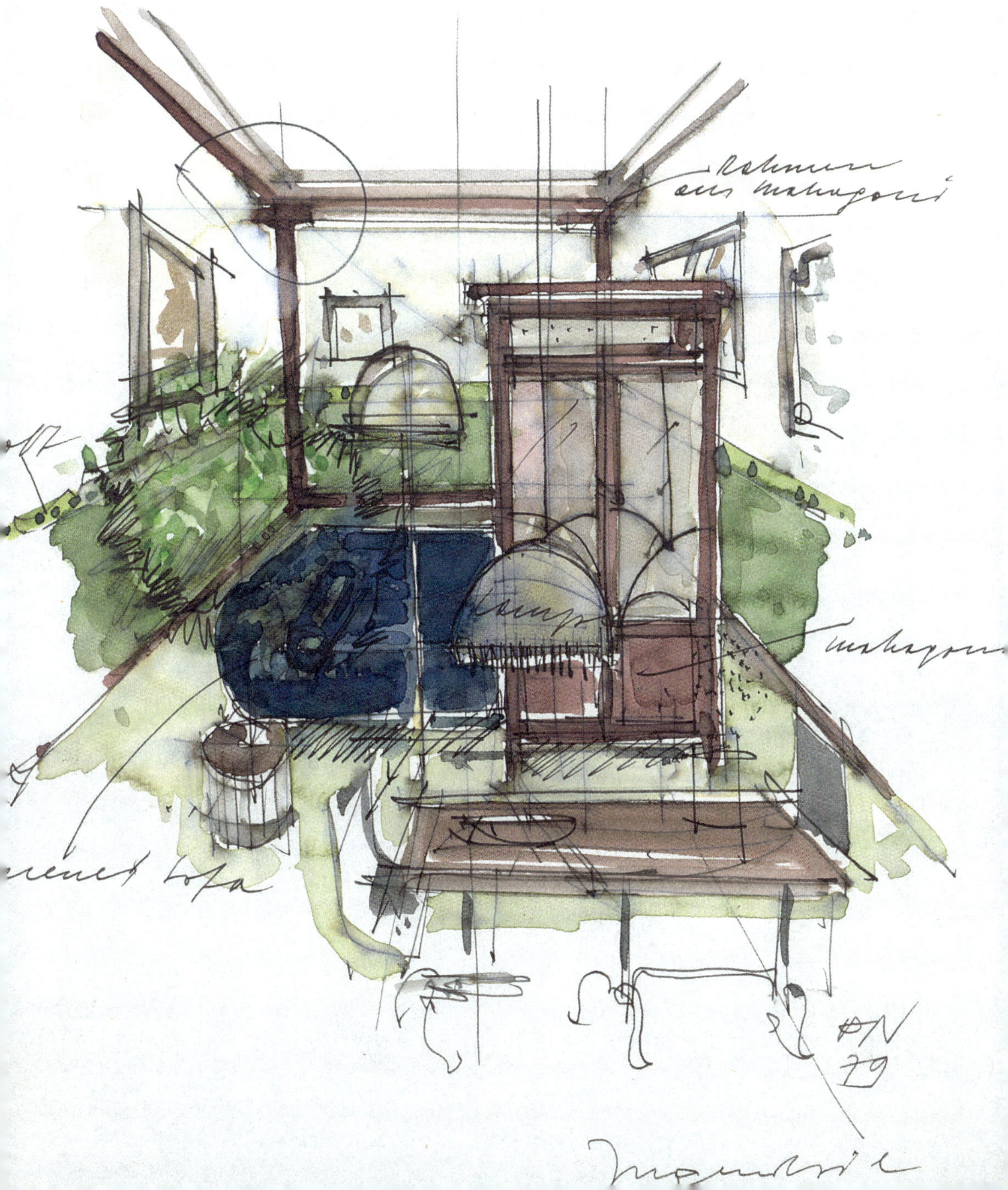
Rahmen
aus Mahagoni
Mahagoni
AN
79

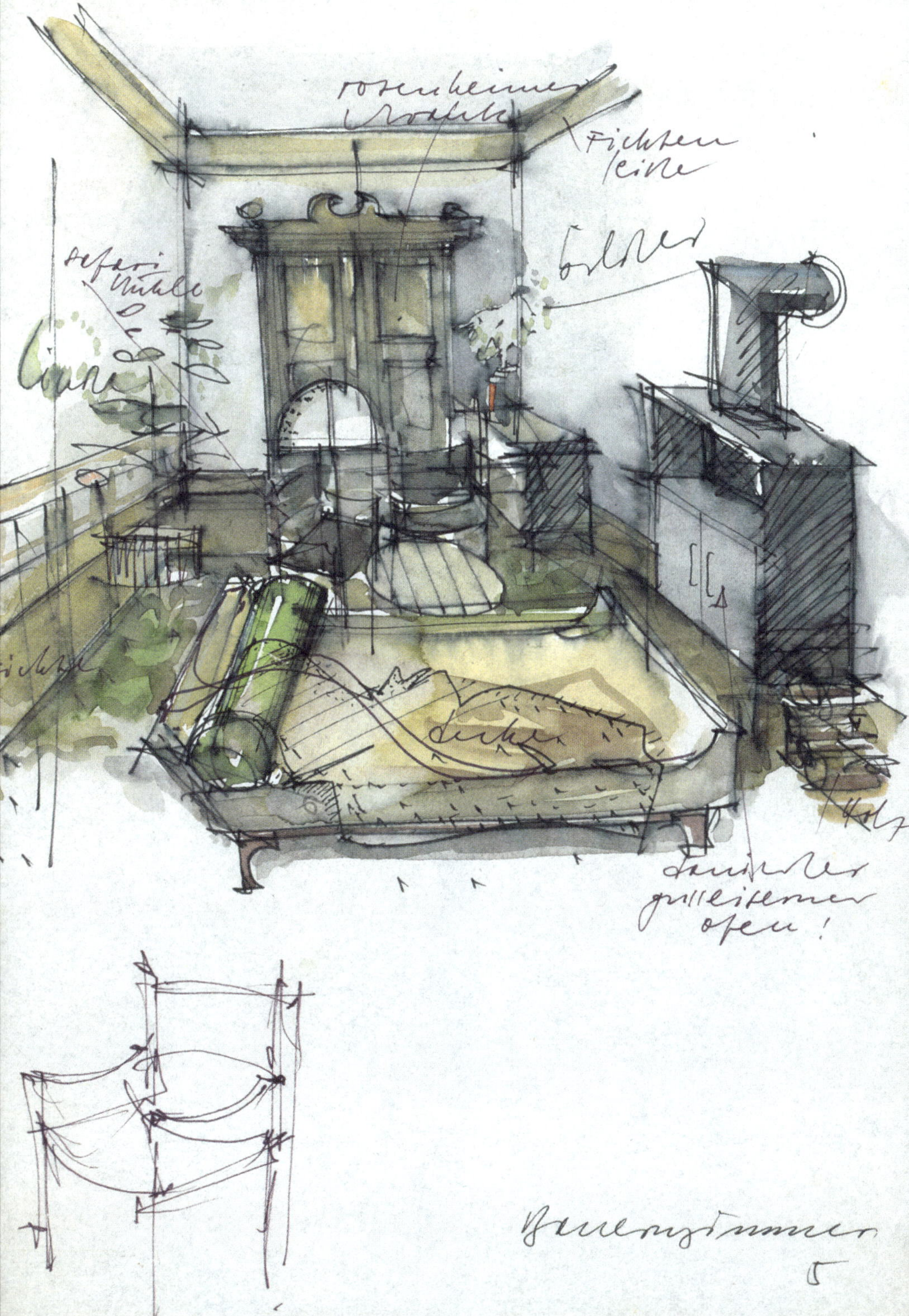

Fichten
leiste
Bilder
Decke
Holz
dänischer
gusseiserner
ofen!

Skizze für ein Metall-Glas-Gittertor, Kreissparkasse Sendlingertorplatz, München, 1986
Skizze für ein Wohnhaus im Schwarzwald, 1973
Skizze für ein Wohnhaus im Schwarzwald, 1973
Skizze für ein Wohnhaus im Schwarzwald, 1973
Skizze, 1984
Skizze für eine Schalterhalle, 1979
Skizze, ohne Datum
Skizze, Inneneinrichtung, 1979
Skizze, Inneneinrichtung, 1979
Skizze, Inneneinrichtung, 1979
Skizze, Inneneinrichtung, 1979
Skizze, Inneneinrichtung, 1979
Skizze für ein Wohnhaus in Berg am Starnberger See, 1979

(oesterreich)
kommen auch von heute sein (milleweiß!)
Hängelampe
Stühle Tisch
Vitrine
mit Holzfriese an Wand + Decke
Spiegel
Lampe aus Messing
PN 71
auch die Polsterbezüge der Sitzmöbel + Stühle
Stoff für Sofa + kleines Muster
Boden
Wandbespannung oder Farbe
dunkler Fries an der Wand
dazu eine Reihe von Gläsern in der Vitrine!
aus verschiedenen Epochen (kleine

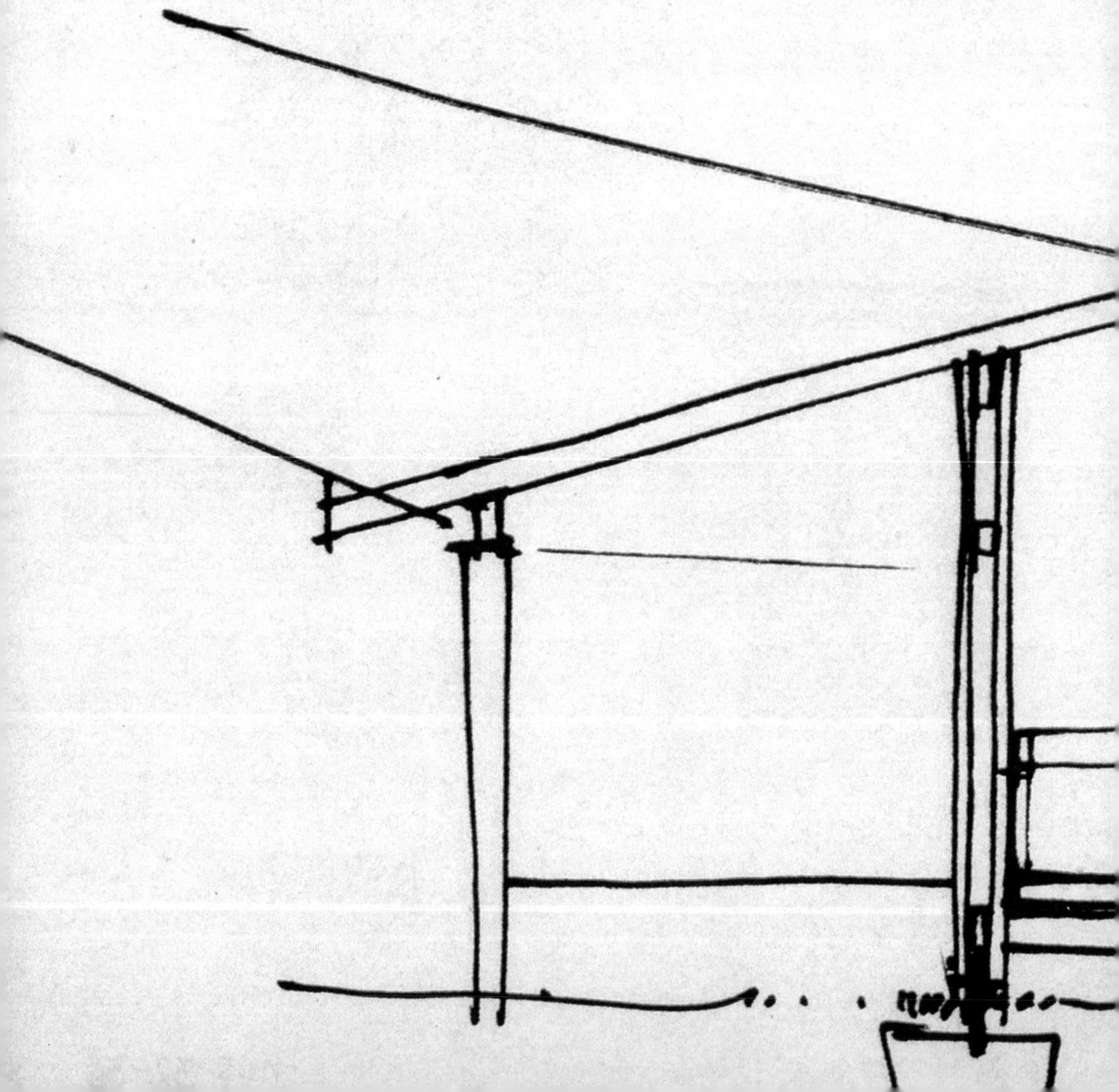